Organizando espaços

Guia de decoração e reforma de residências

Dados Internacionais de Catalogação na Publicação (CIP)
Jeane Passos de Souza – CRB 8ª/6189

Gurgel, Miriam
Organizando espaços : guia de decoração e reforma de residências / Miriam Gurgel. – 3ª ed. – São Paulo : Editora Senac São Paulo, 2017.

Bibliografia.
ISBN 978-65-5536-302-9 [Venda internacional]

1. Arquitetura de interiores 2. Decoração de interiores 3. Habitações I. Título.

17-537s CDD-747
BISAC DES010000

Índice para catálogo sistemático:

1. Residências : Decoração de interiores 747

Miriam Gurgel

Organizando espaços

Guia de decoração e reforma de residências

3ª edição

Editora Senac São Paulo – São Paulo – 2017

Gerente/Publisher: Jeane Passos de Souza (jpassos@sp.senac.br)
Coordenação Editorial/Prospecção: Luís Américo Tousi Botelho (luis.tbotelho@sp.senac.br)
Dolores Crisci Manzano (dolores.cmanzano@sp.senac.br)
Administrativo: grupoedsadministrativo@sp.senac.br
Comercial: comercial@editorasenacsp.com.br

Edição de Texto: Luiz Guasco
Preparação de Texto: Cristina Marques
Revisão de Texto: Jandira A. Queiroz, Leticia Castello Branco,
Luiza Elena Luchini, Luciana Lima
Projeto Gráfico, Capa e Editoração Eletrônica: Fabiana Fernandes

Editora Senac São Paulo
Rua 24 de Maio, 208 – 3º andar – Centro – CEP 01041-000
Caixa Postal 1120 – CEP 01032-970 – São Paulo – SP
Tel. (11) 2187-4450 – Fax (11) 2187-4486
E-mail: editora@sp.senac.br
Home page: http://www.livrariasenac.com.br

Sumário

Nota do editor

Por motivos diversos, é comum que reformas domésticas aconteçam somente em casos urgentes: pane elétrica, infiltrações, móveis desgastados, a chegada de um bebê. Nesses momentos, tempo é um luxo indisponível, e o orçamento tampouco permite planejamento adequado. O resultado, na maioria das vezes, deixa a desejar, frustrando a expectativa dos moradores.

Organizando espaços: guia de decoração e reforma de residências é um manual que apresenta de maneira prática e objetiva critérios para obter melhor organização e funcionalidade no ambiente residencial, quaisquer que sejam suas dimensões. Auxiliando a perceber necessidades reais de alterações, esclarece também sobre o tempo demandado para diferentes tipos de reforma e alerta sobre custos, de modo a proporcionar boa planificação e resultados satisfatórios.

Por meio desta publicação, que se vincula a uma área em que o Senac São Paulo tradicionalmente desenvolve ação educacional – design de interiores –, tanto o público profissional quanto o leigo poderá conhecer a aplicação de conceitos fundamentais para o bom aproveitamento do espaço em ambientes residenciais.

A meus ex-alunos, clientes e amigos,
na esperança de continuar a compartilhar
meu conhecimento e minha experiência.

Apresentação

O enfoque principal deste livro é ajudar as pessoas a organizar suas casas.

Não utilizo fotos por não se tratar de um livro de estilos e moda, mas, sim, de um guia de regras básicas e indispensáveis no processo de organização e decoração de uma residência.

Cada um, de acordo com seu gosto individual e familiar, escolherá o estilo a ser utilizado.

Algumas das ilustrações deste livro são baseadas em projetos executivos (ou seja, finais), que decorei com roupas e acessórios para exemplificar melhor como guardar as coisas de modo mais organizado e racional.

Perspectivas sugerem algumas opções e mostram como procurei resolver os problemas de meus clientes e amigos.

Faço questão de enfocar a necessidade de colocar aqui a *funcionalidade* e a *pesquisa* como peças fundamentais para a execução de um projeto bem-sucedido.

1 Organizando a casa

O melhor jeito de prevenir a bagunça é ter acesso fácil e rápido ao local onde guardamos nossas coisas. Assim sendo, o melhor local para guardar um objeto sempre é o mais próximo possível de onde ele será usado.

Por exemplo, se, ao lermos um livro em nossa poltrona preferida, utilizamos uma manta, um par de óculos de leitura e um livro, o melhor local para guardar tudo isso será exatamente junto à poltrona.

Portanto, para guardar tudo de modo fácil e simples, basta organizar o espaço. Uma opção poderia ser um pufe-baú, para guardar a manta, e gavetas na mesa ao lado da poltrona, onde facilmente poderiam ser guardados os óculos e o livro. Outra opção, por exemplo, poderia ser uma estante próxima a essa poltrona, com todos os livros que aí serão lidos, e um cesto para a manta e os óculos.

Lembre-se: para determinar a melhor solução a ser adotada, basta observar o modo como você e sua família utilizam cada um dos ambientes da casa.

Portanto, o primeiro passo na organização de uma casa é entender como a casa funciona, ou seja, como os ambientes são utilizados pelos membros da família. Só assim será possível detectar o que está faltando, o que está errado e o que funciona bem e deve ser mantido.

A organização de uma casa é fundamental para o bem-estar, agiliza o dia a dia e pode facilitar a convivência entre as pessoas.

A desorganização pode estar presente nas texturas escolhidas, nas cores das paredes, na bagunça dos ambientes ou mesmo em equívocos na escolha dos móveis.

Recordo-me de uma cliente que reclamava de uma sala de tevê, recém-reformada, que não atraía as crianças como era o desejado. Um dos problemas, além da cor das paredes – que seguia a moda e não era a ideal para ambientes infantis –, foi a escolha do sofá. Estiloso e muito moderno, ele era duro e pouco confortável, o que contribuía para que seus filhos preferissem o antigo escritório para assistir à tevê, desorganizando a dinâmica da casa.

P: Como detectar os problemas e encontrar soluções organizacionais?

R: *Analisando o espaço e os ambientes que nos rodeiam e, dentro deles, a dinâmica familiar.*

Organizar a casa está diretamente relacionado a dois universos.

O primeiro diz respeito às necessidades da família como um todo. Ou seja, como a família vive na casa onde mora.

O segundo é mais restrito e está diretamente ligado a cada membro da família. Ou melhor, como cada pessoa da família lida com o espaço privado ou comum.

Um bom exemplo disso é que cada pessoa guarda suas roupas de modo diferente. Uns preferem pendurar todas as camisas, outros preferem gavetas e os mais exigentes optam por uma camisa por gaveta. Por mais estranha que possa parecer esta última solução, cada um tem *seu* próprio modo de se organizar.

Assim, para atingir nosso objetivo de uma organização funcional, será fundamental entender cada membro da família.

Portanto, para encontrar um modo de organizar nossos espaços, deveremos conhecer a real utilização dos ambientes e quem realmente vai utilizá-los.

A tarefa poderá ser complexa. Para facilitar esse processo, a melhor conduta será subdividir o "grande problema" (organizar a casa toda) em problemas menores (organizar ambiente por ambiente); e, estes, em áreas ainda menores (armário por armário, gaveta por gaveta) até que o universo a ser organizado fique mais palpável e, consequentemente, seja mais fácil encontrar uma solução.

Os primeiros sete passos

1. Faça uma lista com os ambientes da casa e escreva as ações/tarefas que devem ser executadas em cada um deles.
2. Assinale quem os utiliza com maior frequência.
3. Liste o que você acredita ser necessário para que cada ação/tarefa ocorra sem problemas.
4. Visite cada ambiente e "leia" o que ele tem a dizer. Cada espaço emite uma mensagem, um sinal. Esse sinal nos ajudará a detectar e, consequentemente, solucionar os possíveis problemas de organização.
5. Descreva os pontos críticos e desorganizados, bem como os pontos positivos e favoráveis.
6. Faça uma análise dos móveis/objetos de cada espaço. Anote o que pode ser excluído e o que deve ser mantido, bem como o que pode ser reciclado e o que pode ser utilizado em algum outro ambiente.

7 Converse com os membros da família e avalie o que cada um tem a dizer sobre os espaços que dizem respeito diretamente a eles.

Dica:

- Esses passos ajudarão muito no processo de organização de um ambiente. Guarde suas anotações, pois elas serão úteis durante todo o processo de organização.

Organizando os ambientes

Casa ou apartamento? Espaços pequenos, um por andar, ou algo grande e complexo? Uma entrada única ou entradas social e de serviço? São inúmeras as variáveis que encontramos nos diversos modos de morar e de viver.

Escolhi alguns ambientes comuns à maioria das diferentes soluções de habitação. Procurei indicar, para cada um deles, algumas soluções, peças de mobiliário, acessórios e mesmo complementos que podem ajudar na organização desses ambientes.

Adapte as sugestões à sua moradia, ao seu estilo e às suas necessidades e de sua família.

Para que possamos organizar melhor cada espaço, devemos saber exatamente quanto tempo passamos em cada ambiente e o que realmente acontece ou deve acontecer no espaço a ser organizado.

> Lembre-se: ambientes escuros, sem iluminação nem ventilação adequadas, não são saudáveis. Abra as janelas pela manhã e permita que o sol e o vento entrem e renovem o ar e a energia dentro de casa.

Peças do mobiliário que não são mais necessárias em um ambiente podem ser úteis em outro. Observe e analise bem cada peça antes de eliminá-la totalmente, pois o reaproveitamento poderá ajudar não só economicamente, mas no ganho de tempo para a organização da casa.

Hall do elevador

É o primeiro contato com sua casa e um ambiente bastante sujeito à circulação e à poeira. Pode ser bem simples de organizar ou bastante complexo.

Quando o hall é utilizado por vários apartamentos, a solução mais fácil certamente será a mais simples e neutra. Basta adicionar um tapete na entrada (para evitar que a sujeira seja transportada para dentro), localizar visivelmente o número do apartamento e a campainha. Mantenha a pintura das paredes em bom estado e garanta uma manutenção geral. Caso queira dar um ar mais personalizado – e caso a legislação do prédio permita –, brinque com a cor das paredes, sempre evitando cores fortes e pesadas em ambientes pequenos e com

FIGURA 1 Perspectiva de um hall de elevador compartilhado por dois apartamentos. Acessórios são um pequeno aparador para apoio de bolsas e pacotes, espelho para "retoques", pufe para sentar, tapetes para evitar "pés sujos", suporte para guarda-chuvas e numeração bem visível. Iluminação indireta difusa completa a decoração.

pouca iluminação. Na dúvida, mantenha as cores neutras e não se esqueça de utilizar somente tinta lavável e de boa qualidade

Quando o hall é compartilhado por poucos apartamentos, alguns problemas podem surgir entre os vizinhos. A melhor alternativa será a mais simples de todas, ou seja, optar por uma solução neutra.

- O **número** identificando o apartamento deve ser facilmente visível.
- A **porta** de entrada deve estar em ordem, limpa e bem apresentável.
- Certifique-se de que a **campainha** funciona e de que há luz suficiente no espaço.
- **Espelho** é sempre útil para quem chega ou sai de uma casa.
- **Arranjos florais e objetos** necessitam de manutenção. Poeira pode ser sinônimo de falta de organização, além de gerar uma primeira impressão ruim a quem chega no andar.
- **Capacho ou tapete** ajuda a manter a sujeira do lado de fora do apartamento. Troque tapetes velhos e bastante usados por novos e de simples manutenção. Se necessário, use adesivos antiderrapantes.
- **Suporte para guarda-chuvas** evitará respingos dentro de casa.
- Caso um membro da família esteja acostumado a chegar em casa carregado de papéis ou objetos, seria interessante uma **mesa de suporte, um aparador ou mesmo uma poltrona** para apoio dos objetos enquanto a porta não é aberta ou o elevador não chega.
- **Poltrona ou cadeira** também pode ser útil, por exemplo, se um dos moradores for de mais idade e necessite sentar enquanto espera o elevador.
- As **luminárias** geralmente são fornecidas pelo condomínio. Quando não forem, pode ser utilizado um plafon no ponto centralizado do teto, spots embutidos no forro de gesso ou uma arandela na parede. Na maioria dos casos, o acendimento será por sensor, o que facilita bastante para quem chega ou sai do apartamento.

Hall interno

Esse espaço é realmente a primeira impressão, o primeiro contato mais pessoal e personalizado com sua casa e seu mundo. A imagem do hall estabelece a atmosfera que será sentida na casa e mostra o quanto gostamos e cuidamos de nosso lar. Portanto, mantenha-o o mais organizado possível.

> Lembre-se: esse ambiente também está muito sujeito ao acúmulo de pó e sujeira. Portanto, serão sempre mais práticas as opções de móveis com gavetas e portas.

Imagine-se chegando em casa, abrindo a porta e entrando... O que seria ideal haver ao redor?

- **Aparador ou mesa.** Ideal como suporte para pastas, celular, chaves, cartas, etc. **Gavetas** podem ser úteis na organização, já que permitem "esconder organizadamente" a bagunça. Uma gaveta para correspondência, outra para chaves, assim por diante. **Bloco de papel e canetas** são sempre bem-vindos e podem estar numa das gavetas. Lembre-se de que uma lanterna poderá ser bastante útil. Se preferir, uma boa opção poderia ser a troca do interruptor que controla a iluminação do teto do hall por uma versão com lanterna acoplada.
- Dependendo do estilo, você pode criar sua própria solução, com cestos, caixas, baús, etc.
- **Tomada.** Pode ser útil na hora de ligar o carregador de celular, caso este seja o melhor local para deixá-lo.
- **Espelho.** Caso não exista nenhum do lado de fora, pode ajudar bastante e economizar tempo, pois permite uma última "olhada" no espelho já pertinho da porta. Pode ser um espelho único, com ou sem moldura, ou diversos espelhos médios. O seu estilo deverá compor a solução mais específica e pessoal.
- **Tapetes.** Ajudam a criar a atmosfera do ambiente. Use proteção antiderrapante para evitar escorregões e tropeços.

- **Suporte de guarda-chuvas (ou mesmo bengalas)**. No local ideal, evita respingos ao longo da casa.
- **Cadeira, baqueta ou pufe**. Útil como apoio na troca de sapatos ou na espera pelo elevador, por exemplo.
- **Casacos** podem estar posicionados junto à porta de entrada. Cabideiro, um móvel antigo com portas ou mesmo um armário fixo ajudam a organizar chapéus, casacos, echarpes, capas de chuva, etc. Diferentes tipos de ganchos na parede podem também ser uma solução bastante criativa e personalizada.
- **Sapatos** também podem estar perto da entrada. Algumas famílias preferem deixar alguns pares especificamente para uso interno. Se for este o caso, uma cadeira, um banco ou um pufe devem estar presentes no local para facilitar a troca de sapatos.
- **Obras de arte** podem estar aí dispostas, compondo um centro de interesse charmoso e mais sofisticado.

FIGURA 2 Perspectiva de hall de entrada.

- **Iluminação** pode ser feita por um plafon ou lustre, spot dirigido à bancada ou mesmo por um abajur. Pode ser o local ideal para deixar uma luz acesa durante a noite como luz de apoio ou mesmo quando não há ninguém em casa; neste caso, opte por iluminação LED.

> Lembre-se: nada "tem de ser" de determinada maneira. As coisas "têm de ser" do jeito que melhor servir às pessoas da casa.

Living/sala de estar

Receber amigos, assistir à tevê, ler, jogar cartas, etc. Sejam quais forem as utilizações desse ambiente, identificá-las facilitará muito a tarefa de organizá-lo.

Verifique quantas pessoas devem ser acomodadas e com qual frequência. Assim sendo, ficará fácil estipular o número de assentos fixos e variáveis.

Como as pessoas estão acostumadas a desenvolver atividades específicas nesse espaço, essa verificação também é fundamental para a escolha correta dos móveis.

Mantenha uma **circulação livre de tropeços**, **boa iluminação** e **ventilação**.

Agrupar fotos por assunto organiza porta-retratos espalhados pelo ambiente. Garanta o acesso a mesas de apoio onde quer que as pessoas sentem.

Neutralizar o "pano de fundo" – ou seja, paredes, janelas e piso – poderá dar mais liberdade de composição com peças e objetos de decoração.

- **Sofás** são peças-chave e pertencem à categoria dos assentos fixos, já que não são tão fáceis de ser transportados de um ambiente a outro. Escolha, entretanto, modelos não tão difíceis de movimentar na hora da limpeza.

  Alguns modelos em módulos permitem a utilização como poltronas separadas ou agrupados em sofá, oferecendo flexibilidade de composição (caso isso seja desejado). Capas podem ser uma peça-chave na manutenção do sofá.

- **Almofadas** são peças decorativas que podem ajudar a compor um ambiente. No entanto, um número exagerado de peças pode tornar o sofá desconfortável. Modelos maiores podem ser utilizados como uma solução mais informal, permitindo sua utilização no chão. Capas nas almofadas propiciam lavagem mais fácil e troca de visual constante, sem grandes gastos.

> Lembre-se: muitas texturas, cores e padronagens juntas colaboram para "bagunçar" visualmente o ambiente.

Dicas:

- Mantenha "em ordem" as almofadas e as mantas dispostas sobre os sofás e as poltronas.
- **Cestas, caixas** ou qualquer outro contentor podem ser colocados no chão perto de sofás ou poltronas para guardar mantas, revistas, óculos, etc.

- **Poltronas** grandes ou pequenas, fixas ou com rodízios, são peças-chave flexíveis, pois podem ser transportadas de um local a outro. Por exemplo, poltronas compactas ("estacionadas" no dia a dia junto a um aparador) podem ser utilizadas: na cabeceira da mesa de jantar quando necessário, na varanda numa tarde de verão ou mesmo como mais opções junto aos sofás. Soluções com capas removíveis podem fazer a diferença na hora da limpeza.
- **Mesa de centro ou lateral** pode conter gavetas para guardar, por exemplo, um pequeno aspirador portátil, que ajuda na manutenção diária, controles remotos, etc. Podem ser peças únicas ou modelos que se encaixam, permitindo mais opções de apoio quando necessário. Certifique-se de que elas são fortes o suficiente para suportar copos, jarras, bebidas ou o que for colocado sobre elas.

  Alguns modelos também podem ser alongados caso seja necessária maior superfície de apoio.

  Se for conveniente, guarde próximo a elas, ou nelas, porta-copos, alguns guardanapos ou mesmo toalhas ou jogos americanos para proteger seu tampo.

Dicas:

- Evite colocar muita coisa sobre a mesa de centro, principalmente arranjos ou peças muito altas.
- Procure manter livros e objetos organizados em pilhas ou pequenas composições, e não distribuídos ao acaso.

- **Pufe** pode ser um grande aliado. Excelente opção para apoio dos pés, assento informal, divisor de ambientes ou mesmo como baú para mantas, revistas, material de limpeza, etc. É feito de diferentes materiais, formatos e tamanhos. Alguns modelos mais rígidos são utilizados como mesa de centro.

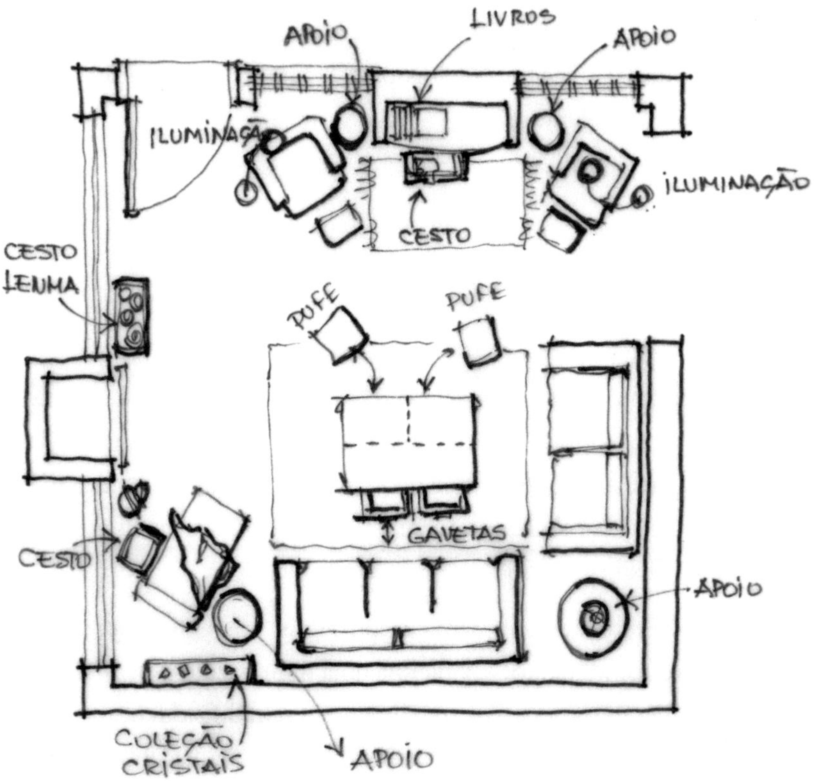

FIGURA 3 Planta de living. Exemplo com espaços específicos para conversação, relaxamento e leitura.

- **Aparador** contra a parede ou como peça divisória de ambiente pode ser bem versátil e útil. Com gavetas, ajuda a organizar a casa, pois serve para "estacionar" telefone, guias telefônicos, carregadores de celular, etc. Dependendo da localização da peça, as opções são inúmeras. Caso precise de um microescritório, ele poderá ser utilizado de forma bem-sucedida para essa finalidade.
- Um **espelho** colocado sobre o aparador poderá ajudar a clarear e ampliar o ambiente. Quadros, composições de pratos ou um agrupamento de objetos, por exemplo, ajudam a compor um agradável centro de interesse no ambiente em questão.
- **Tapetes** podem e devem ser utilizados, pois contribuem bastante para a atmosfera de um ambiente. Evite padronagens fortes quando os móveis estofados já forem estampados. Abuse de formas e texturas para compor um estilo singular. Utilize passadeiras para organizar a circulação ou mesmo subdividir os ambientes.

Dica:

Evite que o tapete saia do lugar ou enrugue: use um adesivo antiderrapante sob ele.

- **Estante** é uma boa opção para organizar livros e revistas, CDs, vídeos, DVDs, lembranças de viagens, etc. Divida seus livros pela casa. O living poderá, por exemplo, manter os livros de arte, de viagem, ou seja, de leitura, no próprio ambiente. Expor peças ou fotos agrupadas por tema ajuda a organizar "cada coisa em seu lugar", além de criar pequenos "centros de interesse", dinamizando a decoração do ambiente.
- A **iluminação** certamente será composta por diferentes opções de fontes de luz (e de acendimento). Mantenha uma iluminação geral difusa, mas suficiente para que as pessoas se movimentem sem dificuldade. Uma boa iluminação geral pode ter, em média, 20 W/m^2. Quando a altura do ambiente for muito baixa, procure utilizar luminárias que joguem o facho de luz para o teto, utilizando-o como refletor e aumentando visualmente a altura.

A iluminação **de tarefa** deve ser direcionada para os locais onde as ações vão ocorrer, como, por exemplo, ler, tocar piano, jogar cartas, conversar, etc. Caso utilize o abajur da mesa lateral para leitura, ele deverá ser alto o suficiente para iluminar o que será lido. Uma **iluminação mais decorativa**, mais intimista e de "efeito" ajuda a criar a atmosfera do ambiente e destacar centros de interesse. As lâmpadas LED custam mais que as tradicionais, portanto podem encarecer o projeto de reorganização. Estude quais são as luminárias que permanecem mais tempo acesas e substitua suas lâmpadas pela versão LED. Nas demais, opte por versões fluorescentes ou de baixo consumo energético.

Dicas:

- Separe os diferentes tipos de iluminação em diversos interruptores para que possam ser acionados separadamente conforme a necessidade.
- Evite localizar spots diretamente sobre as cabeças das pessoas sentadas em sofás ou poltronas: direcione os fachos de luz para o espaço de circulação, sobre a mesa de centro ou sobre as mesas laterais.
- Procure utilizar dimers para ajudar a controlar melhor a quantidade de luz emitida por lustres, spots, arandelas, plafons, etc.
- Utilize peças soltas, como abajures e iluminação de pé, para aumentar a quantidade de luz num ambiente ou criar iluminação de tarefa, quando necessário.

Sala de jantar

Ambiente para agrupamento da família e/ou amigos. Procure utilizar cadeiras confortáveis, com altura correta para a mesa em questão. Esta deve ter boa iluminação e fácil circulação de acesso a cada lugar.

Para uma boa refeição, é fundamental garantir espaço livre para mover os braços e para se sentar.

Esse é um ambiente utilizado com maior frequência em ocasiões especiais ou mesmo quando a copa-cozinha se tornou pequena para a família reunida.

É aconselhável guardar nesse ambiente todas as louças, copos, talheres, toalhas e utensílios aí utilizados. Assim, vai ficar simples arrumar a mesa, pois tudo já estará ao alcance das mãos. Após o uso, tudo volta a seu lugar, liberando espaço na cozinha.

- A **mesa de jantar** deve ser suficiente para receber seus convidados. Conte sempre com um mínimo de 60 cm por pessoa, mais 20 cm a 40 cm por cabeceira. Algumas mesas podem ser alongadas nas cabeceiras, outras podem receber extensão central. Em algumas situações, a mesa de jantar poderá ser também a mesa de estudo das crianças, ou mesmo o "escritório" da casa. Defina bem o uso desse objeto antes de optar por tamanho, modelo, versatilidade e material.

Dicas:

- Mesas com pés estreitos ou centrais são mais adaptáveis a acomodar "mais um lugar" quando necessário.
- Tampos redondos permitem melhor socialização durante a refeição, além de possibilitar que mais pessoas se juntem, eventualmente, ao grupo.
- Quando não puder optar por mesa expansível, uma mesa dobrável guardada na despensa pode ser uma opção para refeições com muitos convidados ou almoços de fim de semana.
- Tampos de vidro são ideais para salas de jantar pequenas. Sempre arredonde os cantos.
- Gavetas sob o tampo da mesa podem ser o local ideal para guardar jogos americanos, protetor de tampo, guardanapos, etc. Use-as também para, durante a refeição, colocar a toalha ou o caminho de mesa.

- As **cadeiras** utilizadas podem estar dispostas em torno da mesa ou ser trazidas de diferentes partes da casa. Certifique-se de que as cadeiras são corretas para a mesa, tanto em relação à altura como à largura do assento. Cadeiras com capas podem ser uma opção de manutenção mais fácil e rápida, já que basta trocar as capas e tudo fica em ordem.

- **Aparador/bufê** com portas e gavetas ajuda a organizar as coisas que devem estar estocadas nesse ambiente, como, por exemplo:
  - toalhas, guardanapos, sous-plat, jogos americanos, porta-copos e protetores de mesa;
  - jogo completo de talheres, facas para carne e utensílios especiais, como porta-saladas, espátulas e recipientes para sobremesa;
  - jogo de jantar e sobremesa completo, bem como um aparelho de chá se for o caso;
  - copos e bebidas;
  - candelabro e velas, fósforo ou acendedor;
  - peças de prata ou baixelas especiais;
  - jogos de copos de cristal, jarras e objetos relacionados a bebidas também podem estar num aparador ou num móvel de "vitrine", ou seja, com portas de vidro transparente;

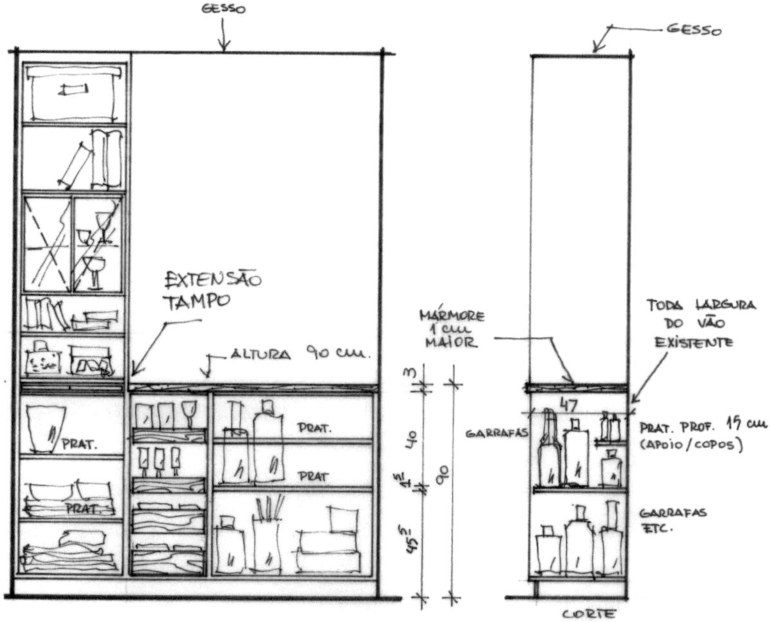

FIGURA 4 Vista frontal e corte de aparador projetado para guardar bebidas, copos, travessas e louças especiais. Um tampo embutido permite criar um espaço extra para preparar bebidas, deixando o tampo original livre para apoio nas refeições.

- alguns produtos de limpeza também podem estar aí guardados, facilitando o rápido acesso em casos de emergência.

> Lembre-se: como a grande maioria desses utensílios não é de utilização frequente, a melhor opção será mantê-los fechados em gavetas ou em armários, evitando a necessidade de lavá-los e desempoeirá-los antes de reutilizar.
>
> Objetos de prata podem ser embalados em filme de poliéster, evitando que escureçam ou manchem.

Aparadores também são excelente apoio num jantar americano ou mesmo num evento mais formal. Certifique-se de que há espaço suficiente para abrir portas e gavetas sem incomodar quem está sentado perto delas.

> Lembre-se: evite que esse móvel se transforme num depósito de objetos não usados. O que não foi utilizado, por exemplo, nos últimos dois anos pode ser descartado ou doado a alguém que realmente necessite. Lembre-se de que armários cheios podem dar a "falsa" impressão de que possuímos bastante coisas "úteis", quando, na realidade, podem estar cheios de peças que jamais serão utilizadas.

- **Tapete** sob a mesa pode ser um problema na hora da limpeza. Se necessário, opte por passadeiras sob as cadeiras. Certifique-se de que as cadeiras deslizarão sobre o tapete e de que ele seja largo o suficiente para não se enroscar nelas (mínimo de 80 cm).
- **Coleções de pratos, quadros e obras de arte** podem estar expostos nesse ambiente, criando uma decoração mais sofisticada. Já fotos da família podem ficar mais interessante numa copa.
- A **iluminação** desse ambiente pode ser feita por plafons, spots ou luminária pendente – neste caso, procure não conflitar a luminária com a mesa,

dando importância a somente uma delas. Se as duas peças forem "de peso", você pode acabar criando um ambiente pesado. Evite que as lâmpadas ofusquem ou atrapalhem a visão das pessoas sentadas à mesa, verificando o tipo de lâmpada (opaca) e a distância do pendente até a mesa (procure mantê-la a 70 cm). Caso opte por spots, evite posicioná-los sobre a cabeça das pessoas; prefira a mesa. Arandelas ou spots podem iluminar o aparador. Procure setorizar o acendimento das luminárias, possibilitando, assim, a criação de diferentes atmosferas, e utilizar lâmpadas LED nas luminárias que permanecerão mais tempo acesas.

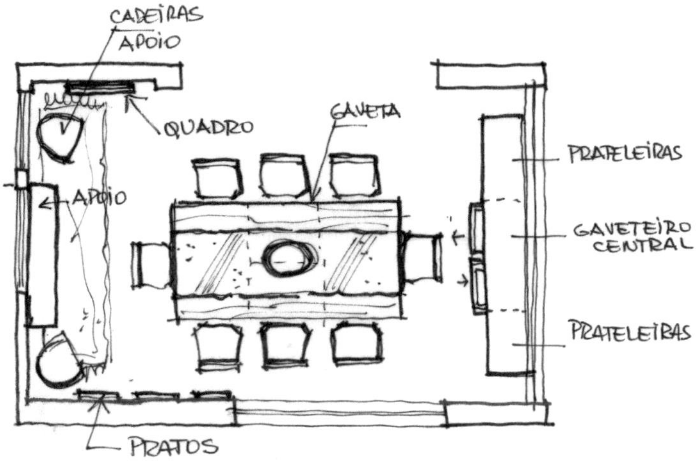

FIGURA 5 Planta de sala de jantar.

Dicas:

Arrumar a mesa de jantar para um **jantar formal** pode ser um pouco mais complicado do que imaginamos. Aqui vão algumas dicas que podem ajudar na hora de compor a mesa.

- Procure proteger o **tampo da mesa** com uma manta impermeável sob a toalha.
- **Toalha** branca, de renda ou bordada, deve ser uma peça de classe. Procure utilizar uma composição tom sobre tom, neutra. Certifique-se de que a toalha seja grande o bastante e penda nas laterais pelo menos cerca de 40 cm.

- O **espaço para cada pessoa** deve ser suficiente para permitir movimentos livres. O ideal é reservar pelo menos 60 cm para cada visita. Caso não seja possível, o mínimo aceitável será 50 cm, nunca menos que isso.
- O requinte da mesa está em seu arranjo como um todo. Caso os **pratos** sejam servidos previamente preparados na cozinha, pode ser uma boa opção utilizar **sous-plat** (suporte colocado no lugar do prato para servir de apoio, que deve permanecer sobre a mesa durante toda a refeição).
- Utilize **guardanapos** de tecido sempre à esquerda ou sobre o prato.
- **Talheres** são dispostos de acordo com o cardápio e devem ser colocados em ordem de utilização, de fora para a direção do prato.
- **Talheres de sobremesa** que não vierem junto com ela devem ser dispostos acima do prato.
- **Facas** devem ter a lâmina voltada para o prato.
- O **prato para pão** deve estar à esquerda e ao alto dos talheres.
- Os **copos** devem ficar à direita e ao alto.
- Numa **refeição formal**, nunca pegue nada que caia no chão. Guardanapos e talheres deverão ser repostos pelo garçom.
- O arranjo central da mesa deve ser mantido baixo, sendo proporcional a ela. Dê preferência a flores nobres, como rosas e orquídeas.
- Ao distribuir os lugares à mesa, procure alternar homens e mulheres.

FIGURA 6 Exemplo de disposição de pratos, talheres, guardanapos e copos numa mesa formal.

Dicas:

Num **jantar americano**, tudo é mais simples e informal. Não precisamos de garçons, pois cada um faz seu prato.

- Utilize a mesa ou um aparador como apoio e empilhe os pratos numa das extremidades.
- A mesa de jantar poderá ser utilizada pelas pessoas mais idosas; já as demais poderão se sentar na sala de estar, na varanda, etc.
- Separe os talheres por tipo e alinhe os guardanapos. Procure fornecer guardanapos grandes, possibilitando aos convidados colocá-los sobre os joelhos se necessário.

  Na sequência, coloque as travessas de comida com os seus respectivos talheres.
- Caso sirva carnes, corte-as em fatias.
- Num outro apoio, coloque os copos que forem necessários, juntamente com as bebidas, uma jarra de água e, se for o caso, um balde de gelo.
- O arranjo da mesa pode ser feito com flores e/ou frutas.
- Num **jantar à brasileira**, as coisas ficam ainda mais simples e informais. Todos se sentam à mesa de jantar. As tigelas são colocadas sobre a mesa, e a pessoa que estiver sentada mais perto de cada uma delas serve as demais. Evite passar a tigela de mão em mão.

Sala de lareira

Nada mais inoportuno que sair na chuva ou no frio para buscar mais lenha ou queimadores para alimentar o fogo de uma lareira.

Procure projetar, próximo a ela, um local para estocar lenha suficiente para pelo menos uma noite. Baú, cesto, construção de alvenaria ou mesmo um acesso externo fácil facilitarão a vida e estimularão a utilização da lareira.

Conte também com um local para guardar tudo o que poderá ser utilizado para acendê-la. No caso de lareira a gás ou elétrica, não há o problema de armazenagem de lenha, mas somente dos outros requisitos, que tornam uma sala de lareira um local bastante aconchegante.

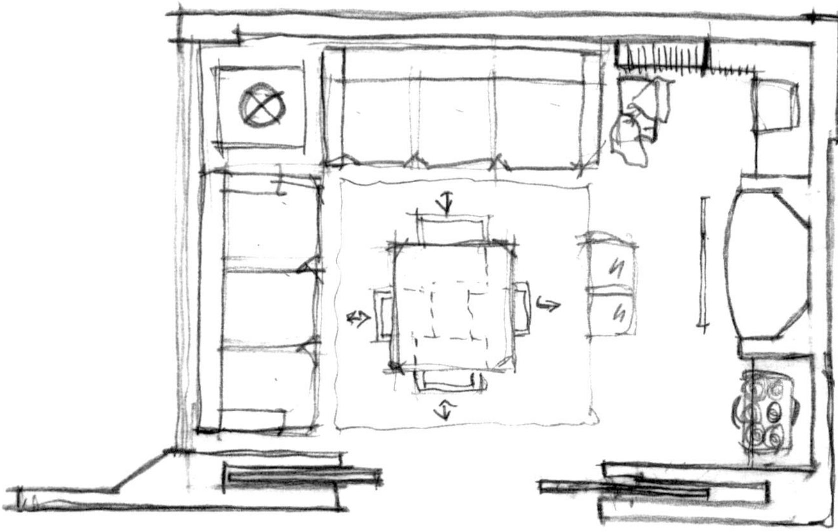

FIGURA 7 Estudo para sala de lareira, constando de dois sofás de três lugares, cesto para cobertas, mesa de centro com gavetas, pufes para apoio dos pés (ou assento extra), cesto para lenha, estante de livros de leitura, estante para aparelho de som e CDs.

- **Sofás, poltronas, chaise-longues, pufes, etc.** devem ser suficientes para o número de pessoas que realmente utilizam esse ambiente. Almofadas comporão a atmosfera, bem como cobertas ou mantas, que poderão estar num **cesto**, num **pufe**, em **caixas**, etc.
- **Mesas de suporte** devem ser projetadas para copos e bebidas, livros de leitura, óculos, controles e tudo o mais que deva estar à mão nesse local.
- Caso exista um aparelho de som, guarde próximo a ele os **CDs** que são ouvidos ali.
- **Iluminação** aconchegante para uma atmosfera mais intimista e iluminação específica para outras tarefas, como, por exemplo, leitura.
- Evite tapetes e materiais inflamáveis próximo à boca da lareira. Utilize grade protetora na boca da lareira ou próximo a ela. Para mais segurança, revista o piso diante do fogo com pedra, granito ou qualquer outro tipo de material resistente a possíveis faíscas.

Home theater/sala de tevê

Juntamente com o home office, este é um dos ambientes mais complexos e dinâmicos. O problema na organização deste espaço ficará mais focado nos equipamentos. A tecnologia está substituindo, de modo cada vez mais veloz, nossos equipamentos e adicionando novas opções e modos de viver à "experiência" televisão.

Procure optar por soluções flexíveis que permitam acompanhar o desenvolvimento tecnológico e a nossa sociedade de consumo. Quanto mais encaixados estiverem nossos equipamentos, e quanto mais fixas forem as soluções escolhidas, menores as chances de alterar os equipamentos, sem gastos expressivos.

Esse ambiente poderá ter diferentes significados para casos distintos. Para alguns, trata-se apenas de um sistema *surround* num ambiente com dupla função, ou seja, living e tevê, por exemplo. Para outros, representa um ambiente especial, bastante confortável, totalmente acústico, com materiais e iluminação corretos e que proporciona experiência igual a um cinema de verdade.

Seja qual for o caso, podem e devem ser aplicadas recomendações básicas, com maior ou menor ênfase, dependendo das exigências da família.

Pense e discuta com sua família o que é preciso para assistir a filmes/tevê e então descubra a melhor solução para manter a sala em ordem:

- **Sofás, poltronas, cadeiras**, etc. confortáveis, reclináveis ou não, em número suficiente para atender às necessidades da casa. Modelos de poltronas com rodízios podem ser bastante úteis na hora de encontrar a melhor posição para assistir a um filme.
- Se necessário, **pufes** para apoio dos pés, com ou sem espaço para guardar objetos diversos.
- **Mesa lateral/de centro/aparador** para apoio de bebidas, comidas, revistas, controles remotos e abajur (se for o caso), além dos tradicionais protetores para copos, materiais de limpeza emergenciais, miniaspirador de pó, guardanapos, etc.

- **Estante, prateleiras ou móvel** destinado a guardar manuais de instrução de todos os aparelhos ali instalados, revistas e guias de filmes e tevê ou livros, se for o caso.
- **Móvel para tevê e seus derivados.** Lembre-se de que poderão existir inúmeros cabos, controles, DVDs, CDs, vídeos antigos, *games*, apetrechos diversos para diferentes jogos, etc. Liste tudo, organize em diferentes "setores" e guarde de modo fácil e racional. Aí também podemos guardar máquinas fotográficas, filmadoras e toda a "parafernália" relativa a foto/som.
- **Caixas de som** ficam mais bem posicionadas em pedestais, mas podem ser fixas no teto ou nas paredes, em prateleiras, ou mesmo "escondidas" em móveis.
- **Tapetes** devem ser grandes e espessos para ajudar na retenção do som. Carpete será melhor que distribuir tapetes pelo chão de madeira. Esse material será melhor que o mesmo piso sem tapetes, que, por sua vez, será melhor que piso de cerâmica fosca, que, por exemplo, será ainda melhor que piso de porcelanato brilhante sem tapetes.

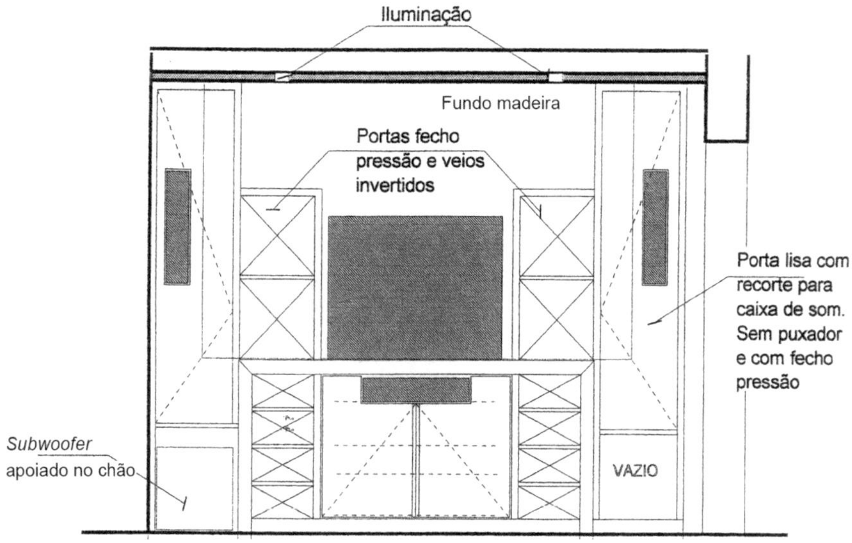

FIGURA 8 Vista frontal de móvel projetado para sala de tevê, com quatro gavetas para CDs e quatro para DVDs; armários laterais com prateleiras para estocagem de futuras aquisições de DVDs e CDs, bem como caixas com manuais, fios e conexões extras; sistema home theater instalado no mobiliário e espaço para todos os equipamentos utilizados pela família.

- **Cortinas** devem escurecer o ambiente e podem seguir diferentes estilos. Quanto mais tecido for usado, melhor será a absorção do som no ambiente. Persianas metálicas (superfícies "duras" e polidas podem gerar mais ruídos) refletirão mais os sons que persianas de madeira ou que as de tecido.

> Lembre-se: quanto mais brilhantes forem as superfícies existentes no ambiente, a reverberação do som tenderá a ser também maior, piorando assim a qualidade do som. Assim, os materiais indicados para esse ambiente são todos aqueles que ajudam na absorção sonora, ou seja, evitam a reverberação excessiva do som, o que prejudica a "pureza" do som em filmes e CDs.

Cozinha

Talvez esse seja o ambiente mais complexo a ser organizado, mas também o mais fácil, já que as atividades aí executadas são bastante previsíveis e constantes.

O **primeiro passo** para uma boa organização será esclarecer como utilizamos esse ambiente.

- Quem utiliza a cozinha? Quantas pessoas ao mesmo tempo?
- Qual a forma de cozinhar mais utilizada? Assados, frituras ou cozidos?
- Quais eletrodomésticos são utilizados em cada atividade?
- Quais os utensílios e os apetrechos específicos para cada eletrodoméstico?
- Quando o micro-ondas é utilizado?
- Como são estocados os alimentos? Essa pergunta pode ser acompanhada de uma análise após uma visita ao supermercado. Saber qual o tamanho da despensa, da geladeira e do freezer que melhor se adapta é fundamental à organização da cozinha.
- Como é feita a separação do lixo? Essa análise irá determinar quantos recipientes deverão ser destinados a isso e onde eles deverão estar localizados para facilitar o processo de reciclagem.

O **segundo passo** será especificar como realizamos nossas refeições.

Como e onde acontece o café da manhã? Em alguns casos, essa atividade pode se repetir duas ou três vezes, dependendo da dinâmica de cada casa.

- O que se come no café da manhã?
- Quais as louças e os apetrechos necessários?
- Quais os pequenos eletrodomésticos envolvidos?
- Como funciona o almoço?
- Quais as louças, os pequenos eletrodomésticos e os apetrechos utilizados?
- Qual a dinâmica do jantar?
- Quais as louças, os pequenos eletrodomésticos e os apetrechos utilizados?
- Qual a frequência de cafezinhos ou cafés expressos?

A **terceira etapa** é relativa a festas e almoços de família.

- Com que frequência acontecem?
- Quantas pessoas costumam se reunir?
- O que geralmente é servido (almoço formal, americano, churrasco, etc.)?
- O que é necessário e onde?

Ao esclarecer o que, quando e onde precisamos das coisas, a organização desse ambiente fica muito mais clara.

Lembre-se: a base para a boa organização da cozinha será guardar as coisas o mais próximo possível de onde serão utilizadas e eliminar o desnecessário.

Providenciar tomadas no local correto, ou seja, o mais próximo possível dos pequenos eletrodomésticos em uso, é fundamental para o bom funcionamento de uma cozinha.

Layout

Procure manter uma relação triangular entre a pia, o fogão e o refrigerador. Se tiver de alongar uma perna do triângulo, procure fazê-lo entre o refrigerador e o fogão. Tendemos a utilizar mais a pia e o refrigerador enquanto preparamos as comidas e não enquanto as cozinhamos.

> Lembre-se: essa disposição ajuda na funcionalidade e na eficiência da cozinha, pois permite que as pessoas se desloquem menos enquanto a utilizam.

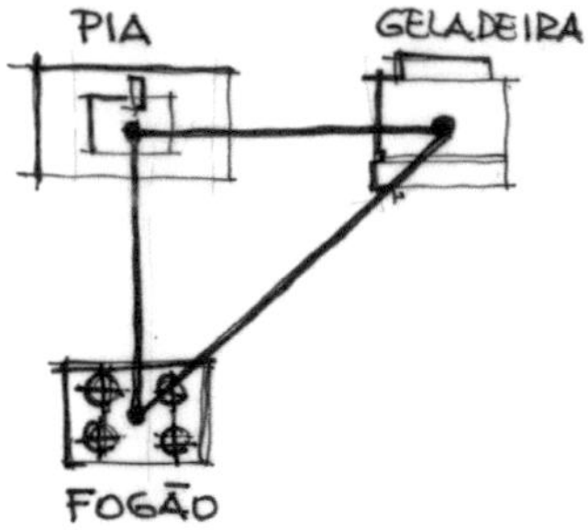

FIGURA 9 Triangulação.

Dividir a cozinha em **cinco setores** ajudará a mantê-la em ordem e bastante funcional. Concentrar e estocar os itens necessários exatamente "dentro de cada zona" será fundamental para atingir nosso objetivo.

- **Próximo à pia**: setor molhado da cozinha.

  Estoque nessa área todos os objetos e utensílios utilizados quando se preparam os alimentos. Escorredores, facas, tábuas de carne, pirex, algumas ervas, temperos, panos de prato, etc. Utilize gavetas grandes com corrediças reforçadas para os pequenos e médios eletrodomésticos, como processador de alimentos, batedeira, *mixer*, liquidificador, etc. Guardá-los quase montados facilita e agiliza a preparação dos alimentos. Mantenha próximo o cesto de lixo para, no mínimo, itens orgânicos e embalagens.

Livros de culinária podem estar aí organizados, já que próximo à pia é a área de preparo dos pratos.

FIGURA 10 A armazenagem sob a pia pode ser organizada, por exemplo, com a aquisição de aramados e ganchos para instalar nas portas, cestos ou recipientes plásticos para separar as tábuas de carne dos produtos de limpeza, etc.

- **Próximo ao fogão.**

Área destinada ao cozimento dos alimentos. Colheres de pau, pegadores de panela, algumas ervas e temperos, panelas e tampas, frigideiras, além de todos os outros utensílios e objetos que serão ali utilizados durante o cozimento dos alimentos. Aí também pode ser guardado – além do micro-ondas caso este seja utilizado mais para cozimento do que descongelamento/reaquecimento – um *kit* de primeiros socorros para queimadura.

FIGURA 11 Próximo ao fogão.

- **Próximo ao forno.**

Nessa área podem ser guardados, por exemplo, papel-alumínio, papel-manteiga, formas, pirex, pegadores, peças complementares do forno, para assados, e demais utensílios e objetos.

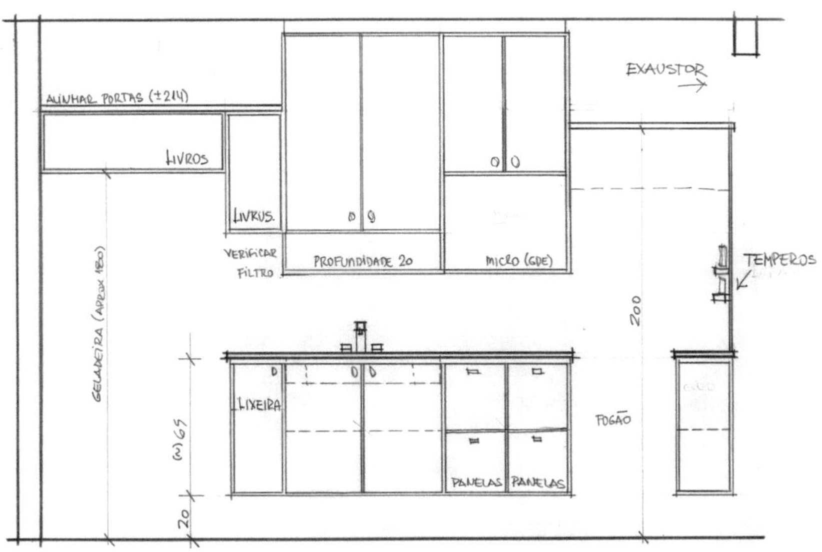

FIGURA 12 Vista frontal de estudo para cozinha compacta.

- **Próximo à geladeira**.

  Podem estar a lixeira para as embalagens recicláveis, formas de gelo, pegador de sorvete, taças para sobremesa, bandejas, embalagens para congelar alimentos, etc. Caso o micro-ondas seja mais utilizado para descongelar alimentos, ele poderá estar mais próximo da geladeira que do fogão.

- **Próximo à área de refeições**.

  Essa área deve estar muito bem organizada com, por exemplo, gaveta para talheres de uso diário, toalhas e jogos americanos, guardanapos, porta-copos, copos, açucareiro, cesta de frutas, pães, geleias, etc. E ainda eletrodomésticos pequenos e médios, como torradeira, cafeteira, máquina de café expresso, xícaras de café, etc. Caso o micro-ondas seja basicamente utilizado para reaquecimento de alimentos ou mesmo de leite, ele estará mais bem localizado nessa área.

FIGURA 13 Exemplo de estudo para cozinha compacta.

Começando a organizar

Para começar o processo, teremos de identificar o que guardamos na nossa cozinha. É, portanto, a hora ideal para jogar fora tudo aquilo que não seja realmente necessário.

- **Abra armário por armário, gaveta por gaveta e não hesite em jogar fora o que não for realmente útil.** Vidros vazios, embalagens plásticas acumuladas durante anos, apetrechos de cozinha jamais utilizados, ou mesmo pequenos eletrodomésticos que realmente não são úteis na casa e podem estar "enchendo" os armários da cozinha.
- **Verifique os eletrodomésticos** para saber quais funcionam bem, quais nunca foram utilizados, em quais faltam peças e decida o que manter, o que repor e no que "dar fim".
- **Panelas e frigideiras** também devem ser verificadas, separadas em grupos e, se estiverem quebradas ou em mau estado, jogadas fora.
- **Separe as louças e os apetrechos em grupos** (vasilhas, terrinas, potes, xícaras de chá, xícaras de café, pirex, saladeiras, descartáveis, etc.) e elimine as duplicações quando possível. Separe em cada grupo o que é utilizado com frequência e o que só é utilizado esporadicamente.

  Procure manter os itens mais utilizados e pesados em locais de fácil acesso e em altura mediana. Os itens pesados (mas de uso esporádico) poderão estar no fundo de prateleiras, mas não muito embaixo para evitar esforço demasiado e danos às costas.
- **Facas de cozinha e aquelas específicas para carnes** também devem ser verificadas. As que perderam o corte devem ser afiadas, substituindo as danificadas, e jogando fora as inúteis.
- **Analise objetivamente** como é utilizado cada objeto e decida onde ele deverá ser guardado, ou seja, em qual dos cinco setores.

> Lembre-se: os cinco setores devem conter o que está diretamente relacionado a cada um deles. Faça uma relação

direta entre as etapas de uma ação/tarefa e escolha o melhor lugar para guardar os objetos nela envolvidos.

Por exemplo:

Cafezinho/chá = água + fonte de calor (cafeteira/fogão/micro-ondas/máquina de café/jarra elétrica, coador e bule) + café/chá + xícara pequena/caneca/xícara grande + pires + açúcar/adoçante + leite/limão + colher + bandeja.

Torradas = torradeira elétrica + pão + prato + faca + geleia/manteiga/mel.

- **Abra a geladeira e o freezer** e "dê uma geral", jogando fora tudo o que passou do prazo de validade e as frutas, as verduras e os legumes que não serão consumidos.
- **Limpe também a despensa**, jogando fora tudo o que for inútil, fora do prazo de validade, latas danificadas ou mesmo produtos que nunca serão consumidos.

O que podemos encontrar na cozinha:

- A **bancada da pia** geralmente fica acumulada de objetos e louças. Opte por cuba dupla sempre que possível, pois ajuda bastante na hora de colocar as coisas em ordem, lavando louças e panelas, ou mesmo na hora de preparar a alimentação. Escolha materiais resistentes e de fácil manutenção.
- **Bancadas** para tarefas como preparar alimentos, posicionar compras que chegaram do supermercado, fazer suco, preparar café, etc. devem ser previstas. Procure iluminá-las corretamente e mantê-las sempre limpas e desocupadas. Se forem grandes o suficiente, poderão conter os eletrodomésticos mais utilizados sobre elas. Procure manter um mínimo de 30 cm a 45 cm de cada lado do fogão, da geladeira, do micro-ondas, do forno e da pia. A distância mais conveniente é 60 cm.

- **Armários** normalmente têm de 35 cm a 40 cm de profundidade e distam 50 cm a 60 cm da bancada. Armários altos devem ser mais rasos que os baixos para evitar que as pessoas batam a cabeça neles. Opções horizontais permitem uma abertura maior, embora sejam menos altas. Mantenha um pequeno "suporte" (banco, escadinha, bloco de madeira, etc.) que possibilite alcançar as prateleiras mais altas sem problemas. Esconda-o dentro de um dos armários ou mesmo sob eles se houver espaço suficiente.
- **Porta-temperos** ajuda a agilizar nosso trabalho na cozinha. Existem várias formas de manter os temperos que mais utilizamos. Entretanto, descarte recipientes com ervas que nunca são utilizadas. Eles ocupam espaço da bancada e só vão atrapalhar na hora de encontrar a que procuramos. Coloque rótulos nos recipientes que guardam temperos visualmente similares.
- **Armários baixos** muito fundos são mais difíceis de acessar. Para os cantos, podem ser adquiridos complementos metálicos especiais que facilitam o acesso a objetos guardados no fundo deles. Em geral, têm 60 cm de profundidade. Prateleiras metálicas, plásticas, etc., facilmente adquiridas em

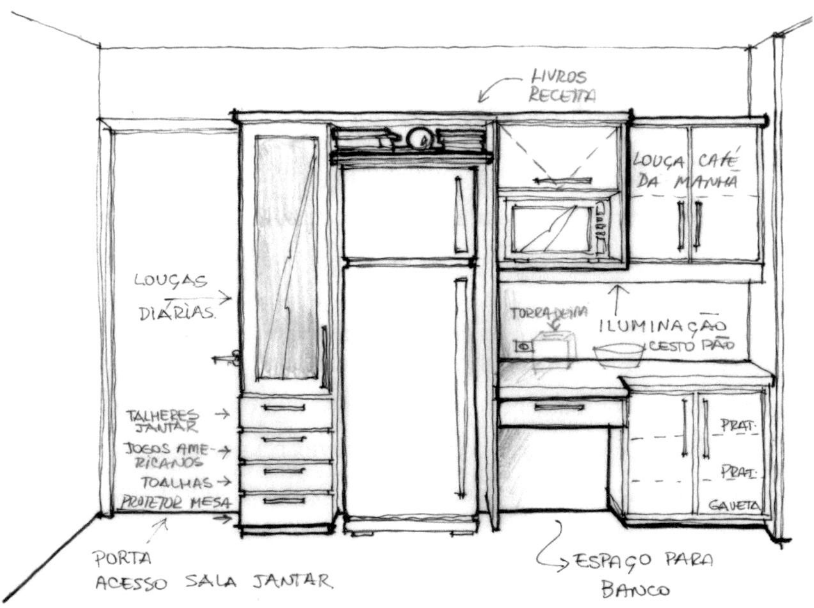

FIGURA 14 Perspectiva de distribuição de armários numa cozinha compacta.

lojas especializadas, costumam dobrar o espaço para guardar panelas, louças e utensílios. Vale a pena pesquisar e ver o que pode ser comprado para melhorar a capacidade e a funcionalidade de estocagem.

Dicas:

- Antes de comprá-los, decida corretamente para que lado as portas dos armários devem abrir.
- Há dobradiças de vários tipos que possibilitam diferentes modos de abertura das portas. Analise cada opção.

- **Gaveteiros** são bem mais úteis quando em maior quantidade. Procure instalar pelo menos dois jogos de gaveteiros pequenos (30 cm a 45 cm de largura), um próximo à pia e outro ao fogão.
- **Escorredores de pratos** podem não ser bonitos, mas são muito úteis. Existem alguns bastante funcionais quando instalados no armário sob a pia (mas será necessário um dispositivo de escoamento da água). Outros podem ser instalados na parede. Alguns são desmontáveis e podem ser guardados sob a pia quando não utilizados. E, por fim, há escorredores bastante criativos, com design interessante que ajuda a compor o estilo da cozinha. Escolha pelo tamanho, pela praticidade, pelo material e depois pela estética.
- **Máquina de lavar louça** pode, ou não, eliminar o escorredor de pratos. Caso mantivermos um sobre a pia, será mais fácil induzir as pessoas a lavar pequenas peças e colocar direto no escorredor. Nada pior que uma pia repleta de louças sujas esperando para serem colocadas dentro da máquina.

  Posicionar a máquina próximo à pia facilita enxaguar as louças e colocá-las dentro da máquina sem respingar por toda a cozinha. Caso as louças sejam levadas à máquina sem enxágue prévio, ela poderá estar instalada mais próximo da área onde se come, evitando que as louças sejam colocadas e "esquecidas" sobre a pia.
- **Utensílios**. Quanto mais fácil "pegá-los", mais chance de serem utilizados com mais frequência. Podem estar em prateleiras, pendurados, em ímãs,

em gavetas ou em armários. Guarde os utilizados com mais frequência em prateleiras localizadas entre 60 cm e 120 cm do piso. Manter duas tábuas – uma para carne e outra para frutas/legumes – pode ser uma boa sugestão.

- **Facas** podem estar dispostas num bloco de madeira, num ímã na parede ou ainda guardadas em gavetas. Analise qual a opção mais prática e segura para a família.
- **Filtro de água** é bastante útil, pois contribui para manter a cozinha longe de inúmeras garrafas de vidro ou plásticas. Junto à pia da cozinha, poderá garantir a qualidade da água utilizada para cozinhar. Um modelo mais "família" (com pedestal, por exemplo) poderá ser instalado na copa ou mesmo na cozinha, próximo à área de refeições.
- **Livros de receitas** e **coleções de receitas** também devem ser organizados. Se a receita está guardada há mais de um ano e ainda não foi experimentada, talvez nunca o será! "Dê uma geral" nas receitas avulsas e procure eliminar aquelas que provavelmente não serão preparadas. As que desejar manter, separe por categoria, por exemplo: massas, saladas, carnes ou festas, almoços rápidos, jantares. Colar a receita num livro, caderno ou mesmo num fichário onde cada uma estará protegida por plástico é um modo fácil e rápido de organizá-las. Atualmente, são muitos os *sites* que fornecem receitas e a possibilidade de armazená-las num "livro" no próprio *site* ou numa pasta ou arquivo criado no computador. Mantenha uma prateleira próximo à cozinha, ou mesmo nela, para manter os livros utilizados no dia a dia. O local ideal será o que mais se adapta às necessidades de quem os utiliza.
- O **computador** pode ser uma peça-chave na cozinha para permitir trabalhar ou estudar enquanto a comida não está pronta ou mesmo controlar compras, receitas e a administração do lar. Um *laptop* ou *tablet* será sempre a melhor opção por ser compacto e não ocupar muito espaço. Com o desenvolvimento tecnológico, tornou-se bem mais fácil portar um *tablet* de um ambiente a outro. Portanto, se for o caso, prever um espaço para apoiar um computador será de grande ajuda.

- **Eletrodomésticos**. Procure guardar os pequenos eletrodomésticos já montados e prontos para o uso. Gavetões com corrediças de alta resistência são uma boa opção. Guardá-los próximo de seus complementos é fundamental para poupar tempo e aumentar a funcionalidade do espaço. Por exemplo, guardar a cafeteira ou a máquina de café expresso próximo a xícaras de café, bandeja, açúcar, pó de café, etc. facilita muito a tarefa de fazer café, bem como ajuda a manter a ordem na cozinha. A torradeira próximo de pães e pratos também ajuda bastante. Certifique-se das dimensões e das alturas corretas para a instalação de cada eletrodoméstico. Cuidado especial para a altura do micro-ondas. Muito alto, além de incômodo, será perigoso, pois líquidos ou comida quente podem derramar sobre quem lida com eles.
- **Iluminação** geral deve ser difusa e evitar sombras. Mantenha iluminação de tarefa sobre as bancadas. Utilize lâmpadas LED onde possível ou, pelo menos, nas luminárias que permanecerão mais tempo ligadas. Procure prover iluminação natural.

Dicas:

- Lâmpadas fluorescentes ou LED com vidro opaco são melhores para a iluminação geral, pois produzem luz bem difusa. Evite, nesse caso, a utilização de spots.
- Evite versões "quentes", ou seja, amareladas, pois podem alterar a cor que se vê nos alimentos de forma desagradável. Procure optar pelas lâmpadas mais "frias".

- **Lixeira** para alimentos ou embalagens recicláveis deve estar localizada onde sua utilização seja facilitada durante o preparo ou o armazenamento dos alimentos.
- A **despensa** é tão mais funcional quanto mais fácil for identificar o produto estocado.

  Estocagem em **recipientes transparentes** é mais prática e direta.

  Aplique etiquetas com nomes caso seja difícil a identificação (farinhas e ervas, por exemplo).

Opte por **embalagens plásticas**, **acrílicas** ou **vidros** que "selem" bem, evitando entrada de ar e seu consequente dano aos alimentos estocados.

Procure armazenar **itens pesados** nas prateleiras mais baixas ou até mesmo no piso.

Organize as **prateleiras por assunto** (churrasco, café da manhã, festa, etc.) ou **tipo de produto**, como, por exemplo:

- farináceos, açúcares, sal;
- temperos, essências, ervas;
- leite em pó, leite condensado, creme de leite, cafés e chás;
- massas e molhos, etc.

Cestos ou **gavetas aramadas** podem ser uma boa opção para cebolas, batatas e alho.

Um **banquinho pequeno** guardado sob a prateleira mais baixa da despensa, ou dentro de um armário baixo, será muito funcional na hora de pegar objetos e utensílios em prateleiras e armários muito altos.

Livros de culinária podem estar organizados numa das prateleiras da despensa.

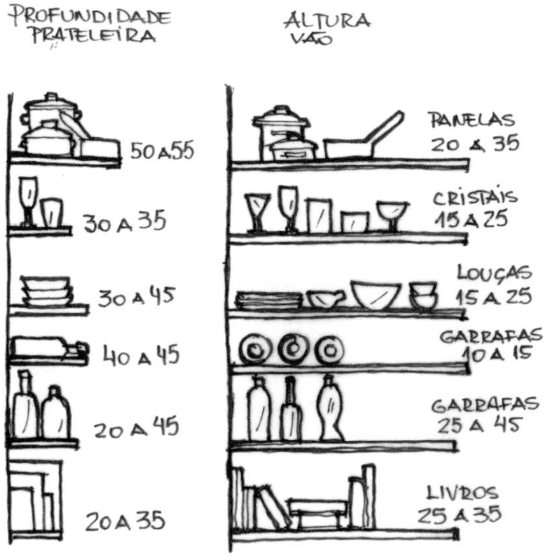

FIGURA 15 Algumas alturas de prateleiras (em cm).

Procure não estocar um item na frente de outro. Para isso, são mais eficazes **prateleiras estreitas**, com profundidade de acordo com as dimensões dos produtos. Caso as prateleiras sejam profundas, procure criar diferentes alturas, deixando as do fundo mais altas. Existem aramados próprios para essa função.

Prateleiras muito altas podem ser subdivididas com a adição de pequenas prateleiras metálicas armadas sobre elas.

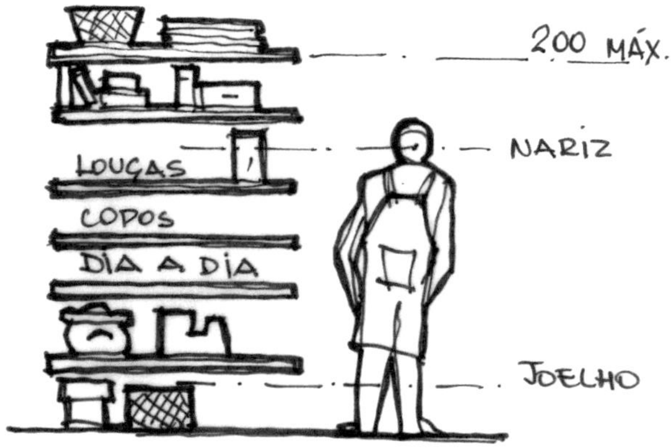

FIGURA 16 Melhor altura (em cm) para estocagem de itens utilizados no dia a dia.

> Lembre-se: o espaço compreendido "entre a altura de nosso joelho e a altura de nosso nariz" é o melhor para estocar utensílios de uso diário, pois exige menos esforço de nossas costas e pernas.

Dicas:

- Uma despensa grande com portas pode ser uma ótima opção se a cozinha for suficientemente grande.
- Verifique regularmente a validade dos alimentos estocados na geladeira, no freezer e na despensa, removendo qualquer alimento vencido, latas amassadas, etc.
- Mantenha guardada na cozinha uma tesoura exclusiva para alimentos. Use-a, por exemplo, para cortar cheiro-verde, salsinha, etc. ou abrir embalagens de alimentos.

- Fio dental (sem sabor nem cera) pode ser uma boa ajuda na hora de cortar queijos, como ricota fresca, mozarela de búfala, bolo molhado ou mesmo ovo cozido. Manter uma embalagem de fio dental na gaveta da cozinha poderá ser bastante útil.
- Para polir peças de cobre, podemos utilizar uma pasta feita em casa com partes iguais de sal e farinha e algumas gotas de vinagre.
- Para melhorar o deslizamento de gavetas de madeira sem corrediças, esfregue uma vela na parte onde emperra.

Copa

Pode estar acoplada à cozinha, formando um único ambiente "open kitchen", ou instalada em ambiente separado por paredes e portas.

- A **mesa** ou **bancada** deve ser suficiente para os membros da família e, se for o caso, eventuais visitas. Sempre reserve um espaço maior ou igual a 60 cm para cada pessoa que for se sentar à bancada ou à mesa. Adicione de 20 cm a 40 cm para cada uma das cabeceiras se alguém habitualmente se sentar nelas.

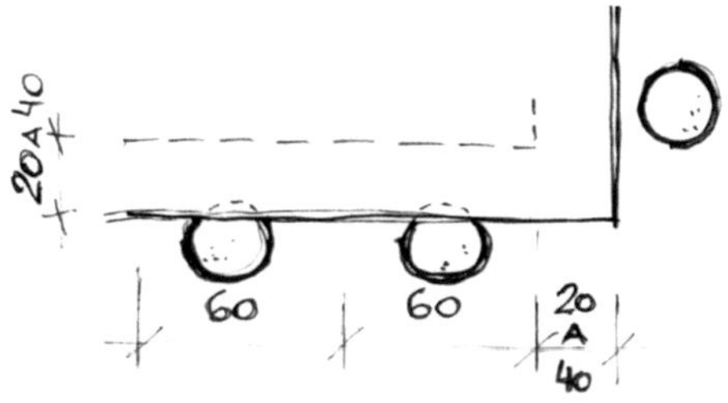

FIGURA 17 Como avaliar os 60 cm por pessoa e o espaço adicional na cabeceira da bancada ou mesa.

- As **cadeiras** ou os **bancos** utilizados devem ser corretamente escolhidos segundo a altura da mesa/bancada e as características de seus usuários. Bancos/banquetas podem ser encontrados em diferentes modelos, sendo mais confortáveis aqueles com encosto e apoio para os pés.

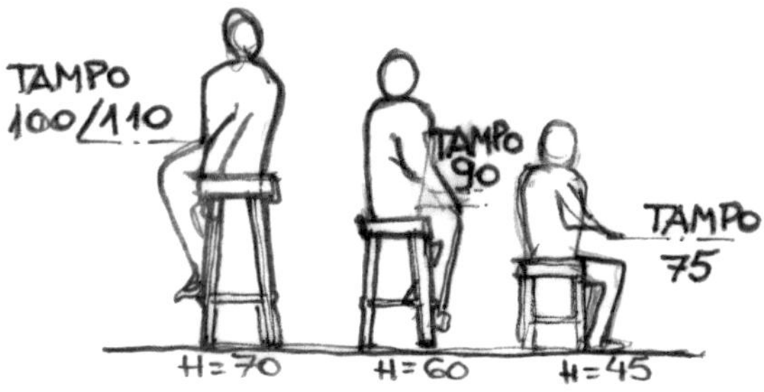

FIGURA 18 Altura de bancada *versus* altura dos bancos (em cm).

- **Aparador/bufê** com portas e gavetas ajuda a organizar melhor os utensílios e objetos pertencentes a esse ambiente. Caso a copa seja conjunta com a cozinha, procure guardar o mais próximo possível da mesa/bancada, em gavetas e armários, o que for para seu uso.

  Caso a copa seja separada da cozinha, podem ser dispostos sobre o aparador o micro-ondas, a torradeira, a cafeteira ou qualquer outro eletrodoméstico que seja utilizado durante as refeições ali realizadas.

  Muitas famílias optam por instalar uma televisão na copa, o que pode ser uma boa solução, dependendo da dinâmica da família.

  Alguns exemplos de itens que podem ser guardados no bufê:

  - toalhas, guardanapos, sous-plat, jogos americanos e protetores de mesa;
  - jogo de jantar e sobremesa, bem como aparelho de chá/café, se for o caso;
  - galheteiro, guardanapos ou mel, pão, torradas e tudo o mais referente ao café da manhã;
  - alguns produtos de limpeza também podem ficar guardados aí, facilitando o rápido acesso em emergências.

- **Tapete** sob a mesa pode não ser uma boa opção para esse ambiente, pois dificulta sua manutenção. Pisos frios ou de madeira podem ser alternativas mais práticas e viáveis.

- Coleções de pratos ou **fotos de família** são alguns dos tipos de composições para a decoração das paredes.
- **Carrinho de chá** (ou similar) é uma opção, por exemplo, para manter próximo o que necessitamos no café da manhã, como pães, bolachas, chocolate em pó, café instantâneo, açúcar ou adoçante, cereais e frutas, podendo agilizar a organização de um café da manhã ou lanche para pessoas com gostos bem diferentes, evitando uma quantidade grande de produtos sobre a mesa.

Área de serviço e lavanderia

Esse é um ambiente que facilmente pode se tornar desorganizado.

Planeje tomadas em quantidade suficiente (e no local correto) para ligar em cada uma delas apenas um eletrodoméstico.

Podemos encontrar diferentes tipos de lavadoras de roupa, algumas com a secadora embutida. Avalie o modelo mais interessante, pois todos terão prós e contras. A utilização de máquinas com abertura frontal exigirá mais das costas das pessoas.

No inverno, a secadora pode ser de grande ajuda. Instala-se apoiada no chão ou mesmo pendurada na parede.

Comece pela etapa de **"coletar" a roupa** a ser lavada.

- **Cestos/baús** ou qualquer outra opção para guardar roupas sujas devem estar aí localizados. A melhor opção seria a possibilidade de dividir as roupas assim que elas entram na lavanderia, ou seja, um local para roupas brancas, um para coloridas e um outro para roupas pretas.

Depois escreva e analise como é a tarefa de **lavar roupas**.

> Lembre-se: antes de colocar as roupas para lavar, retire dos bolsos objetos como papéis, balas, dinheiro, documentos, etc.

Dicas:

- Enrole e proteja cordões e cadarços, assim não se enroscarão nas demais roupas durante a lavagem.
- Feche os zíperes para evitar barulhos e "enroscos".
- Para lavar peças delicadas, utilize sacos especiais.
- Para evitar manchas, não misture roupas de cores claras com peças pretas ou muito escuras. Para lavar e secar corretamente cada peça, siga sempre as instruções das etiquetas.

- **Armário** para sabão em pó, amaciante, tira-manchas, etc. pode estar localizado sobre o tanque ou bem perto dele.

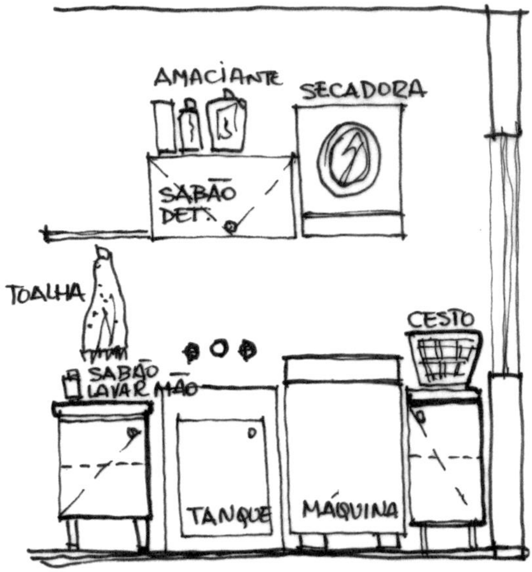

FIGURA 19 Vista frontal de solução simples para organizar o espaço onde se lavam as roupas.

- **Cesto** para colocar a roupa lavada facilita levar todas elas até o varal caso ele esteja instalado longe da lavadora.
- **Bancadas e prateleiras** são essenciais para organizar a roupa lavada, já seca, e preparar aquelas que deverão ser passadas.

A tarefa de **secar a roupa** poderá estar restrita a colocar o que estava na máquina diretamente na secadora ou estender no varal.

- **Pregadores** sempre devem estar em local de fácil acesso. Uma boa opção é pendurá-los num suporte diretamente preso ao varal.
- **Varais** podem ser de diferentes tipos e tamanhos, e cada um tem suas vantagens e desvantagens. Varais desmontáveis, portáteis, podem ser uma boa opção, desde que exista um local certo para guardá-los quando não utilizados. Os retráteis são ótimos para peças pequenas ou médias e não ficam no caminho quando não utilizados. Instalar varais pequenos e retráteis (tipo varal de hotel) nos banheiros é uma boa saída para incentivar cada um a lavar sua própria peça íntima.

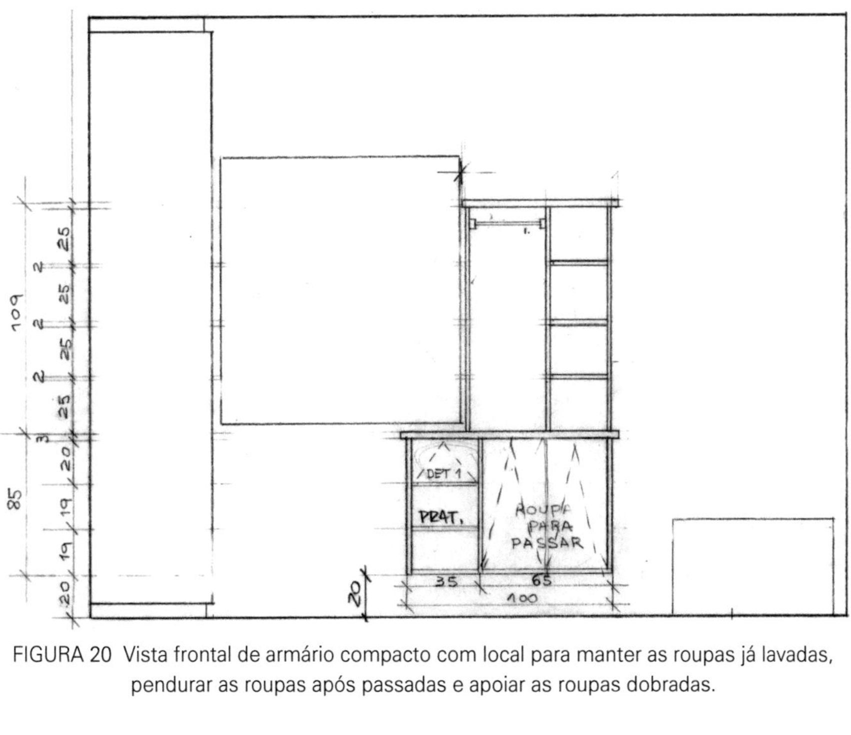

FIGURA 20 Vista frontal de armário compacto com local para manter as roupas já lavadas, pendurar as roupas após passadas e apoiar as roupas dobradas.

Na etapa de **passar roupa**:

- **Varão** para pendurar as camisas que serão e aquelas que já foram passadas; ajuda muito na tarefa de passar roupa. Vários modelos de fácil instalação podem ser encontrados em lojas de materiais para casa do tipo "faça você mesmo" ou em lojas de móveis.
- Armário para guardar tábua de passar, ferro, vaporizador, protetor para passar roupas, "tira-pelos", etc.
- Bancada para passar lençóis/**tábuas embutidas** ou mesmo **pequenas tábuas portáteis** para pequenas peças podem estar à mão, dependendo da necessidade.

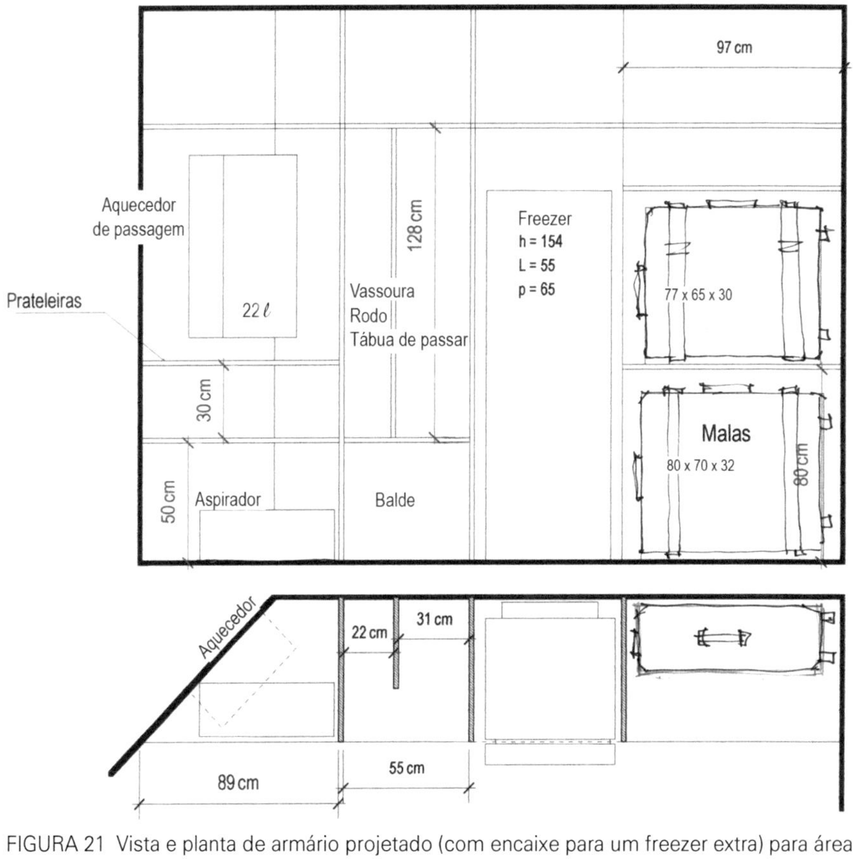

FIGURA 21 Vista e planta de armário projetado (com encaixe para um freezer extra) para área de serviço, com local para vassouras, material de limpeza, aspirador de pó e malas grandes.

- Nesse ambiente, guardam-se também **materiais de limpeza, aspirador de pó, vassouras**, etc.
- Esse pode ser o local ideal para os **tênis** e as **botas** pesadas.

Dormitório

Espaço destinado ao descanso, ao relaxamento, ao sono tranquilo e que poderá também ter uma área para estudar, receber os amigos, etc.

Qualquer que seja o caso, a função principal de um quarto é proporcionar um bom sono.

Por conter grande quantidade de diferentes objetos para variadas funções (dormir, estudar, ler, escutar música, usar computador, receber amigos, etc.), esse ambiente está constantemente sujeito à bagunça e à desorganização.

Algumas pessoas tratam seus quartos com bastante respeito e, antes de mais nada, querem uma atmosfera tranquila e repousante. Algumas ainda querem uma atmosfera especial e mágica, que ajude a combater o estresse do dia a dia.

Dicas:

- O elemento fogo, símbolo de energia, pode ser levado aos dormitórios por meio do uso de velas. Acredita-se que, com o acendimento de uma vela, nosso espírito se acalma.
- Escolher a cor correta das velas ajuda a criar a atmosfera desejada. Entretanto, **nunca deixe uma vela acesa diretamente sobre os móveis ou sem supervisão**, pois poderá causar **incêndio** e **danos irrecuperáveis**.

  Amarela para amizade e contentamento, aumento da concentração, da sabedoria e boa sorte.

  Laranja para felicidade e alegria.

  Vermelha para mais paixão, energia e amor na vida.

  Violeta para evocar bom sonhos e espiritualidade.

  Azul para reduzir a tensão e meditar.

  Verde para trazer harmonia, equilíbrio, paz e saúde.

  Branca para qualquer ocasião.

Lembre-se: quartos para bebês, crianças, adolescentes, solteiros ou para casal necessitam de tipos diferentes de mobiliário básico, ao mesmo tempo que produzem diferentes tipos de "desorganização". Analise cada um deles individualmente para encontrar qual a solução que melhor organize a "bagunça".

Dicas:

- Num **quarto de bebê**, podemos dizer que a maior "bagunça" ocorre na área destinada à troca de fraldas e roupas. Para isso, é indispensável prever espaço suficiente, bem acessível e seguro para o bebê, e para acomodar tudo que estiver envolvido nessa tarefa, ou seja, local para roupa suja, fraldas, algodão, cremes, cesto de lixo, etc.
- Já num **quarto para crianças** ainda pequenas, a bagunça pode começar a se espalhar por diferentes áreas. Organize diferentes caixas para diferentes tipos de brinquedo. Cestos também podem ser muito úteis para colocar roupa suja, brinquedos maiores, etc. Mantenha livre um espaço bastante grande no chão do quarto para diferentes brincadeiras. É aconselhável dispor de uma coberta para esticar no chão. Prateleiras ajudam a organizar coleções de bonecas, bichos ou carrinhos, expondo e compondo a decoração.
- Quando as crianças crescem, vão à escola, começam a virar **adolescentes**, surgem novas necessidades, como: organizar a bagunça também do material escolar e receber os amigos sem "destruir" o quarto. Prateleiras, gaveteiros, mesa, cadeira, almofadões no chão, etc. podem aumentar demasiado o número de peças de mobiliário no dormitório. Começam a aparecer *hobbies* e esportes. Suporte para guitarras e violões vão mantê-los com um pouco mais de ordem. Raquetes, bonés e mochilas podem ficar pendurados nas paredes, criando um centro de interesse. Não esqueça do cesto de roupa suja bem visível.

Lembre-se: o que torna um ambiente desorganizado é a falta de opções simples e funcionais para guardar objetos (principalmente aqueles utilizados no dia a dia). Portanto, em especial nos dormitórios infantis, crie soluções fáceis de "ver" e de "usar".

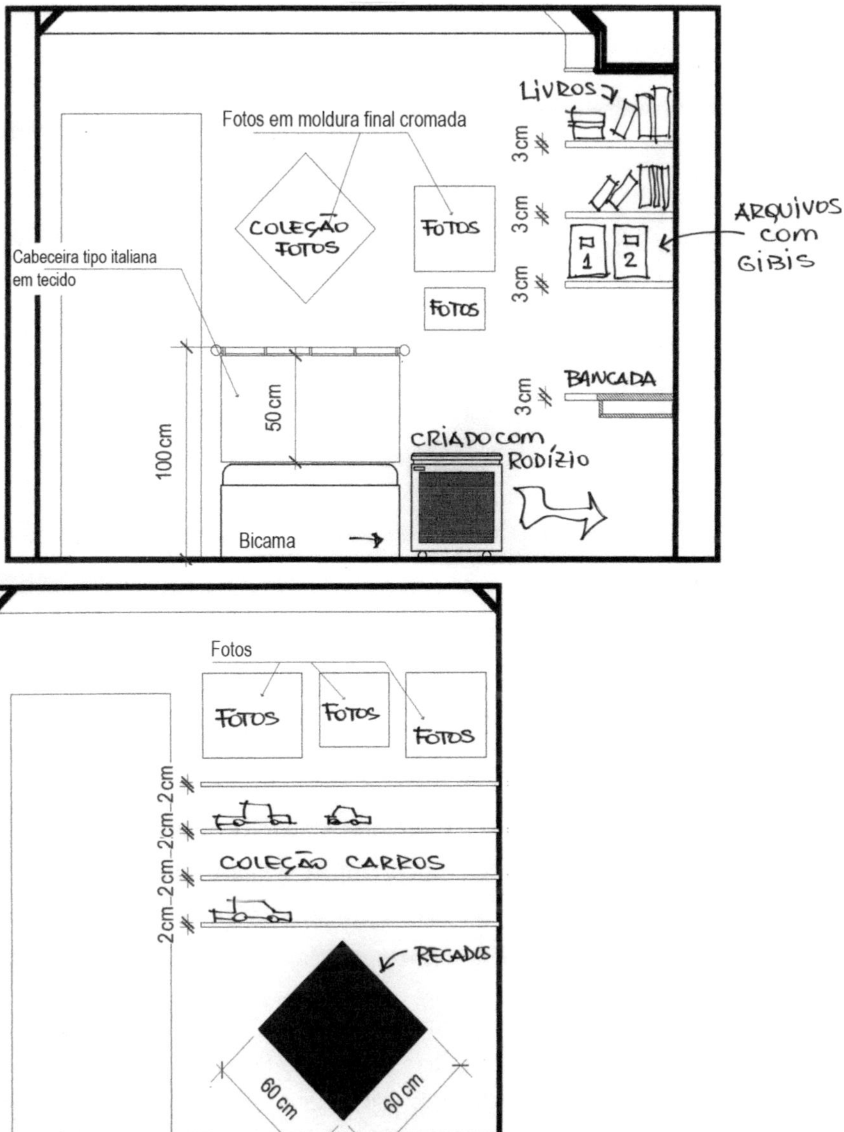

FIGURA 22a Vista de duas paredes de dormitório para adolescente, mostrando prateleiras para coleção de carros, quadro de recados, coleção de fotos, livros, coleção de gibis e bancada de estudo.

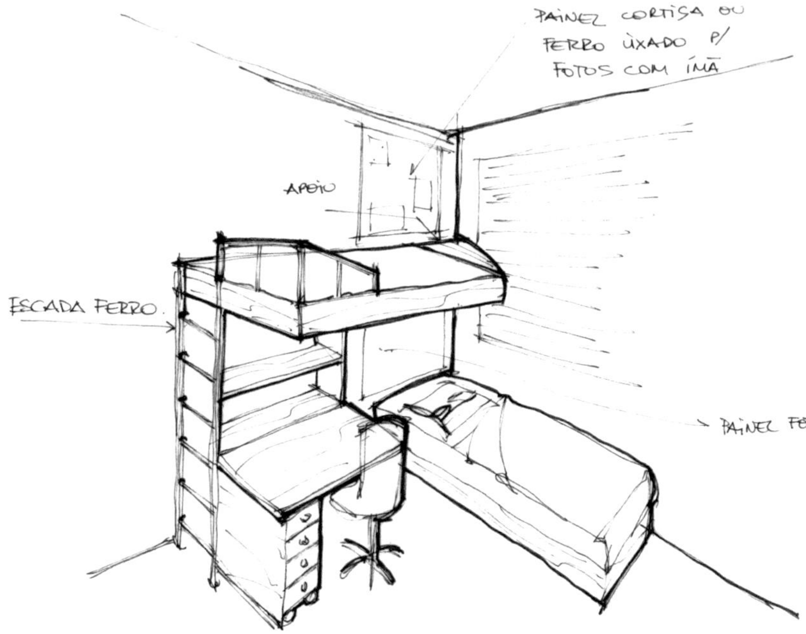

FIGURA 22b Perspectiva de dormitório para adolescente com cama tipo beliche e mesa de estudo.

- **Cama**. O colchão deve ser de boa qualidade e adequado para quem vai dormir nele. Escolha com atenção e carinho, na medida certa, pois é utilizado por várias horas todos os dias.

  Além de serem fabricadas com diferentes materiais e acabamentos, há camas de diferentes alturas e tamanhos, com/sem guarnição na cabeceira ou nos pés, com/sem gavetas para estocagem, ou com uma cama extra. Basta escolher a que mais convém ao projeto.

  Dicas:

  - Camas altas são uma boa opção quando há falta de espaço para guardar coisas no ambiente. Para fácil acesso, procure não ultrapassar 60 cm de altura.
  - Podem ser adquiridos tipos diferentes de recipientes para estocagem de objetos sob a cama.

- Caso haja necessidade de uma cama extra, ela pode estar sob a cama, numa poltrona-cama, num saco de dormir (guardado no armário) ou mesmo numa cama de armar (na lavanderia ou no closet, por exemplo).
- Em quartos de criança, pode ser uma boa opção utilizar beliches, ou mesmo suspender a cama, de modo a aproveitar melhor o espaço do quarto. Algumas empresas são especializadas nesse tipo de produto. Vale a pena pesquisar as novidades oferecidas no mercado e buscar soluções diferentes e interessantes.

Lembre-se: é mais fácil limpar embaixo de camas com "pés" que aquelas do tipo "baú" ou com cama extra. Guardar coisas debaixo da cama é uma alternativa, desde que tudo seja retirado regularmente para a limpeza do piso, evitando o acúmulo de pó e sujeira.

- **Tapete** (com textura agradável ao tato) pode ser uma opção decorativa e também funcional na lateral da cama. Escolha um modelo de fácil manutenção, principalmente em dormitórios de crianças e de adolescentes.

  Pisos duros – ou seja, de madeira, cerâmicos, mármores – geralmente são frios e nada agradáveis ao contato dos pés pela manhã ou no meio da noite.

  No caso de piso com carpete, além de ajudar a complementar a decoração do ambiente, tapetes laterais à cama podem proteger essas áreas, que tendem a ser bastante usadas.

- **Criado-mudo**. É uma peça bastante útil por servir como apoio para diferentes tarefas. Escolha o modelo que mais se adapta às necessidades de quem vai usá-lo (portanto, não precisam ser idênticos no caso de cama de casal ou dormitório para mais de uma pessoa). Use criatividade e busque uma composição equilibrada para criar soluções interessantes.

  Faça uma lista dos objetos que devem ser guardados e mantidos nessa peça de mobiliário e estabeleça a quantidade de gavetas, o material e principalmente as dimensões.

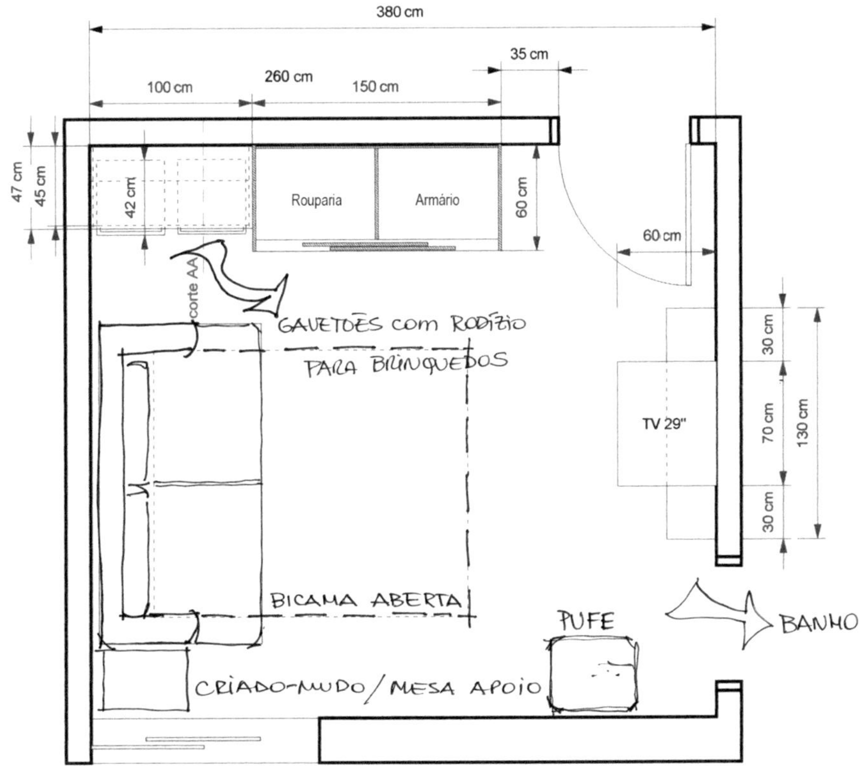

FIGURA 23a Planta baixa de dormitório reversível, com utilização diária como sala de tevê/brinquedos, para uma criança e, esporadicamente, como quarto de visitas.

Lembre-se: num criado-mudo, pode-se guardar livros, óculos, máscara de dormir, pílulas, cremes, CDs, iPod, aparelho de som, radiorrelógio/despertador, diário, livro de sonhos, jarra de água e copo, etc.

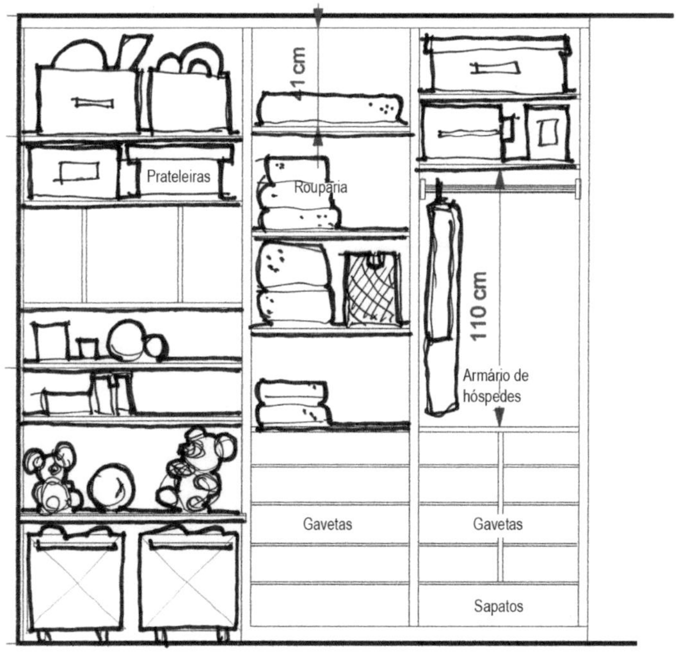

FIGURA 23b Vista de armário com espaço para guardar brinquedos, roupas de cama e roupas pessoais de hóspedes.

- **Gaveteiro/cômoda.** Falta de gavetas ou de local para estocagem de roupas pode ser uma das razões para essa peça, bastante interessante na decoração de um dormitório. Pode servir como centro de interesse ou mesmo como base para tevê ou aparelho de som. As gavetas podem guardar CDs/DVDs, fitas de vídeo, joias/bijuterias, roupas íntimas, pijamas, roupas de cama, colchas, cobertores, etc.
- **Cadeira ou poltrona.** Sempre uma boa opção, por exemplo, para deixar a roupa que acabamos de tirar ou para sentar ao calçar ou tirar os sapatos. Pode ser utilizada para leitura, podendo ser acompanhada de um cesto (para livros, óculos, canetas, etc.) ou mesinha de apoio com abajur.

Essa cadeira extra também pode ser utilizada na sala de jantar, no living ou onde for necessária.

- **Pufe/baú/bancada suporte** pode ser ideal para guardar, por exemplo, almofadas, colcha e/ou travesseiros e ainda servir como apoio na hora de arrumar a cama ou colocar e tirar os sapatos. É também ser local conveniente para guardar sapatos e/ou bolsas.

FIGURA 24 Exemplo de bancada ao pé de uma cama de casal, com almofada para se sentar , e que ajuda na organização de revistas, cobertas e outros objetos no dormitório.

- **Cabideiro** para roupas em geral ou para ternos é sempre uma ajuda quando trocamos de roupas ou para apoiar casacos ou roupões.

  Ganchos nas paredes podem criar um centro de interesse e composição. Podem, por exemplo, num dormitório de adolescentes, organizar a coleção de bonés, expor a raquete de tênis ou mesmo manter a mochila.

  Suportes com ganchos colocados na face interna das portas são uma opção rápida e econômica, pois sua instalação é fácil (parafusados, em portas maciças; ou colados, em portas de qualquer tipo).

- **Mesa para estudo** pode ser necessária nesse ambiente (como em dormitórios de crianças e adolescentes). Procure providenciar elementos para a estocagem de todo o material escolar, de estudo, que aí se utiliza, como porta-pastas, fichários, cadernos, livros, canetas, lápis, computador, etc.

  Verifique o número de tomadas necessárias para todos os eletrônicos que serão ligados nesse local (uma para cada um).

  A **cadeira** que melhor se adapta a esse tipo de mesa é a giratória, com regulagem de altura e de postura.

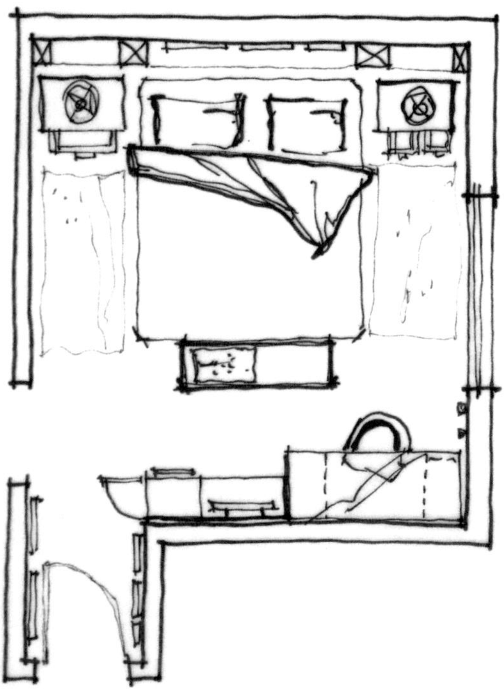

FIGURA 25 Planta de dormitório de casal com mesa para "pequeno" escritório, criados-mudos diferenciados, móvel para tevê/CDs/DVDs, bancada de apoio ao pé da cama, coleção de fotos das crianças na entrada e nichos decorativos na cabeceira da cama.

- **Mesa de suporte/aparador** também pode fazer parte da decoração desse ambiente. Pode servir para chá, café da manhã, leitura, tevê, trabalhos manuais, etc. ou para colocar carteiras, celulares, talões de cheque, etc. Verifique qual o tamanho e a altura que mais se adapta, bem como o modelo. Tudo depende das dimensões do dormitório e da utilização a que se destina.

  Evite colocar mesa/aparador "só porque há espaço sobrando", pois pode se tornar local para acúmulo de papéis e roupas.

- **Abajures** ou iluminação de cabeceira podem seguir vários estilos e formas. Verifique primeiramente qual a função da luminária. Caso ela se destine à leitura na cama, a altura da fonte de luz deve ser mais alta do que se for somente para iluminação de apoio noturna.

  Num dormitório com cama de casal, não é necessário que os abajures sejam exatamente iguais. Para cada lateral da cama, poderá haver uma necessidade diferente.

> Lembre-se: o "espaço vazio" também faz parte de uma decoração, podendo complementar o estilo adotado.

Dicas:

Uma pequena lista pode ajudar na organização dos dormitórios.

- O dormitório propicia um sono tranquilo?
- A cama, os travesseiros e o colchão estão em boas condições?
- Os criados-mudos estão repletos de objetos desnecessários? O que pode ser colocado em outro local ou mesmo jogado fora?
- Verifique roupas e objetos em armários e gavetas e certifique-se de que ainda servem e são úteis. O que não servir mais deve ser eliminado.
- Bolsas, cintos e complementos ainda são utilizáveis?
- Perfumes, cremes, remédios, etc. mantidos nesses espaços perderão a validade algum dia. Verifique as datas e jogue fora os vencidos.
- Todos os CDs, fitas de vídeo, DVDs e livros que estão no quarto devem permanecer ali? Serão lidos e ouvidos "algum dia" no ambiente?

- O que está no quarto e que não pertence a ele? Por que está ali?
- O que está em desordem e irrita?

Closets/armários

Organizar armários e closets é uma tarefa bastante complexa e que pode consumir bastante tempo.

Evite tirar tudo de uma vez e "jogar sobre a cama": esse pode ser um grandíssimo erro. Vá aos poucos, gaveta por gaveta, prateleira por prateleira, uma porta de armário por vez e assim por diante.

Dicas:

- Antes de tentar arrumar esses locais, procure "esvaziá-los" ao máximo.
- Dê uma geral em todas as peças de vestuário. Prove aquelas que não usa com frequência e decida o destino que dará a elas.
- Comece separando tudo aquilo que não foi usado pelo menos nos últimos dois anos e dê um destino mais interessante às peças: doe a quem realmente precisa delas.
- Verifique os acessórios. Poderá ser surpreendente o número de sapatos, cintos e bolsas que não usamos há anos.

> Lembre-se: um guarda-roupa cheio de coisas fora de uso pode dar a falsa impressão de que temos muita roupa atual ou que elas "ainda servem", quando, muitas vezes, a história é outra.

Quando o espaço não é suficiente para armazenar as roupas que utilizamos no inverno e no verão, uma opção pode ser separá-las alternando-as no guarda-roupa conforme a necessidade. Se esse for o caso, é uma boa ideia providenciar embalagens (cestas, caixas, bolsas plásticas, etc.) para manter protegidas da poeira as peças temporariamente fora de uso. Certifique-se de que não exista umidade e que a ventilação é suficiente para evitar mofo não só nas roupas embaladas, mas também nas expostas.

Guarde as peças limpas, de preferência lavadas, evitando assim manchas e odores desnecessários quando for utilizá-las novamente.

FIGURA 26 Exemplos de embalagens para estocagem e proteção de casacos, roupas de cama, etc., que podem ser adquiridas com facildade.

Evite iluminação que crie sombra nas roupas. Na maioria dos casos, é melhor optar por pontos de luz próximos aos varões ou às prateleiras. Instalar fitas de lâmpadas LED nas prateleiras pode ser uma boa opção.

Alguns tipos de lâmpada (as alógenas, por exemplo) podem ajudar ao refletir corretamente as cores das roupas, enquanto outras (como as fluorescentes frias) tendem a distorcer as cores originais. Procure utilizar lâmpadas LED nas luminárias que são acesas com mais frequência.

Iluminação interna instalada em armários e closets (até a que se acende com a abertura das portas, por exemplo) pode ser encontrada em lojas especializadas em iluminação ou em armários embutidos/closets.

Lembre-se: uma boa iluminação é fundamental. Opte por iluminação difusa e abundante.

Roupas. Faça um levantamento rápido de como as peças são guardadas e como gostaria que estivessem organizadas.

Cada peça pode ser guardada de diferentes maneiras, escolha a que mais convém. Uma mesma calça, por exemplo, poderá ser dobrada e guardada numa prateleira ou pendurada pela barra, em cabide comum ou colocada num calceiro.

> Lembre-se: siga um critério ao pendurar as roupas. Procure organizar, por exemplo, pela cor ou pelo tipo de peça (camisetas, camisas manga curta, camisas manga longa, jaquetas, etc.) ao mesmo tempo que separa verão e inverno.

Os **cabides** também podem ser de diferentes formas e materiais. Escolhê-los corretamente ajuda a manter as roupas em ordem e sem amassados ou marcas.

Aramados ocupam menos espaço, mas podem marcar calças. Verifique, portanto, as opções existentes.

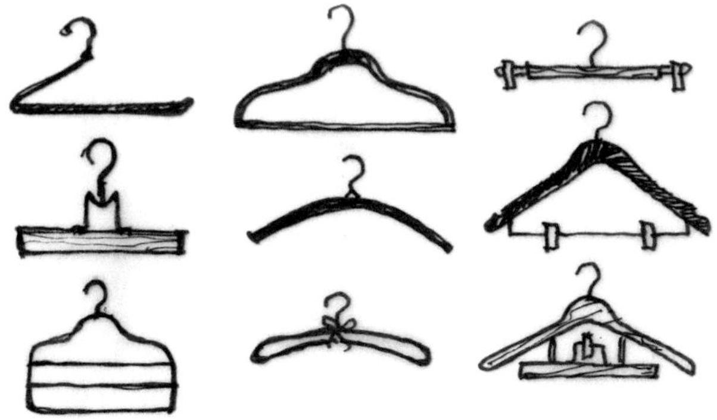

FIGURA 27 Alguns tipos de cabide para diferentes modelos de roupa.

As **prateleiras** podem e devem ser eficazes. Procure adaptar a largura e a profundidade de modo a tornar o armário/closet bastante funcional.

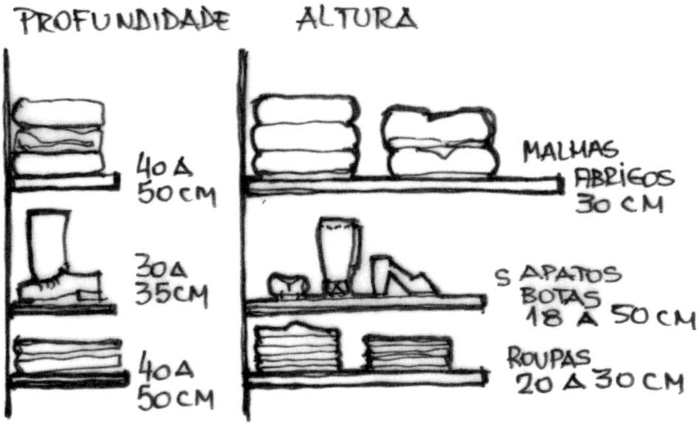

FIGURA 28 Algumas profundidades e larguras de prateleiras.

A altura do **varão** também pode ser variável, dependendo da peça a ser pendurada.

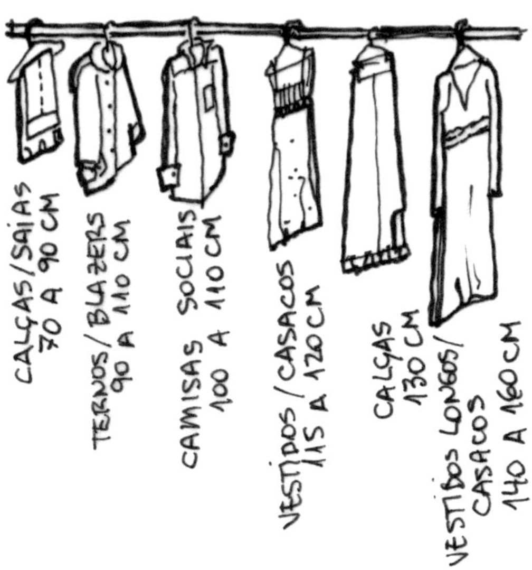

FIGURA 29 Algumas sugestões de alturas necessárias para os varões.

Planeje **gavetas** de modo a não amassar as peças nem perder espaço.

- Frentes de acrílico ou vidro permitem que as peças sejam vistas de fora, o que pode aumentar a funcionalidade do armário.
- Gavetas externas às portas de armário são mais funcionais.
- Para roupas de lã, abrigos e a maioria das peças de inverno, as gavetas mais fundas são mais adequadas.
- Já para camisetas, camisas e blusas, gavetas muito fundas poderão amassar as peças caso coloquemos muitas peças umas sobre as outras.
- Para bijuterias, lingeries, gravatas, meias, etc., as gavetas rasas podem ser mais eficazes.

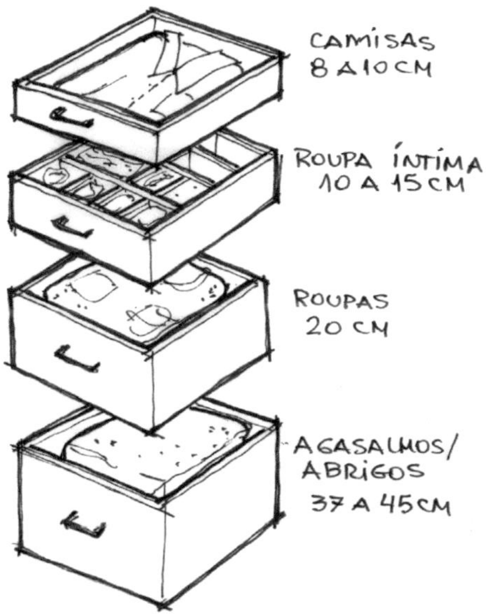

FIGURA 30 Sugestão de profundidade para algumas gavetas.

Dicas:

- Revestir as gavetas com papel perfumado pode ser uma maneira de perfumar roupas e acessórios.
- Compre suportes ou faça você mesmo divisórias para as gavetas. Separar lingeries, meias ou mesmo roupas em gavetas grandes deixará tudo mais em ordem.
- O ambiente poderá ficar mais organizado se as bijuterias forem guardadas em gavetas ou porta-joias. Caso opte por expô-las, procure não acumular muitas peças. O ideal são expositores próprios em acrílico, que as manterão à vista e livres da poeira.
- Se o espaço permitir, a maquiagem também poderá ser útil dentro do closet, aliviando o congestionamento no banheiro.

Lembre-se: ter fácil acesso a roupas e bijuterias também é sinônimo de guardar corretamente as peças.

FIGURA 31 Sugestão de espaços livres necessários para movimentação.

Lembre-se: quanto melhor for a visão que tivermos das peças num armário/closet e quanto mais fácil for acessá-las, maior a probabilidade de utilizarmos grande parte do que possuímos. Não são poucos os objetos que, "perdidos" ou "escondidos" em prateleiras inacessíveis ou mesmo atrás de outros, deixamos de usar.

Sapatos. Sapateiras, ou um espaço específico para guardar os sapatos, também podem, e devem, ser setorizadas. Podem ser divididos em tipos de sapato, como sandálias baixas ou altas, sapatos para o dia a dia ou para festa, botas e assim por diante.

Tênis, galochas e botas de trabalho podem ser guardados na lavanderia, próximo à entrada de serviço, à garagem ou onde melhor convier para a dinâmica da casa.

Embalagens transparentes são as melhores opções. Caso não seja possível visualizar o par de sapatos, uma boa alternativa será uma etiqueta identificando-o.

Algumas pessoas não gostam de guardar sapatos no dormitório, o que pode fazer de sapateiras no corredor ou no banheiro (cuidado com a umidade) uma opção.

> Lembre-se: cada modo de guardar um tipo de sapato necessita de determinado espaço. Conte quantos pares vai precisar guardar, analise as opções que mais agradam e decida qual a melhor delas, ou seja, a que mais se adapta ao espaço disponível *versus* a quantidade de pares.

FIGURA 32 Algumas opções para guardar sapatos em móveis independentes, adaptadas a armários ou fixadas em portas.

Os closets abertos são mais propícios a deixar as roupas empoeiradas, exigindo, assim, maior manutenção. Portanto, quando possível, procure optar por closets com portas ou mesmo com armários fechados.

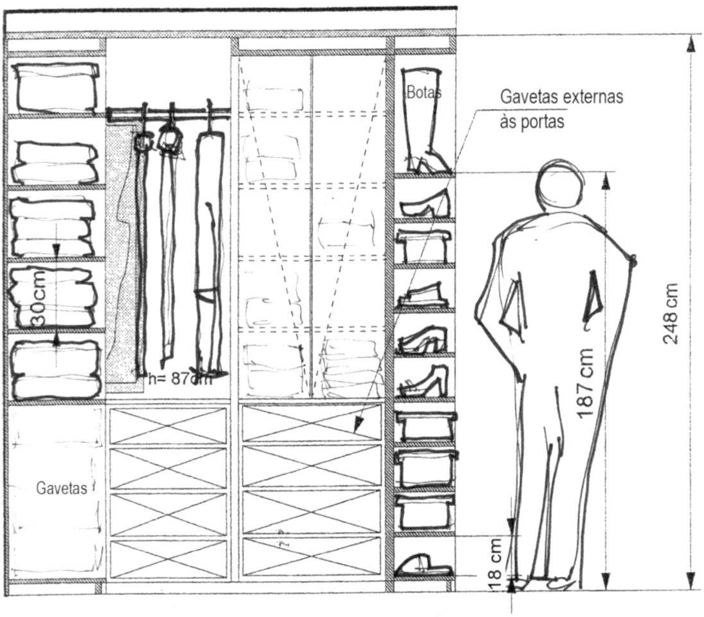

FIGURA 33 Vista frontal de armário com gavetas externas e portas (protegendo prateleiras de roupas, varão) e sapateira sem portas.

Os **armários** podem ser peças únicas, embutidas, com ou sem portas. A escolha do tipo de porta depende não somente da opção estética, mas também da praticidade de cada tipo de porta em relação ao ambiente.

- Portas de correr são bastante recomendáveis para espaços pequenos, em que a circulação pode se tornar um problema. Podem ser elegantes, fáceis de manusear, mas sempre impedem que uma parte do armário seja acessada enquanto outra está aberta. Exigem maior profundidade para os mecanismos e as corrediças.
- Portas com dobradiças permitem acesso a todo o armário, mas podem bloquear parte da circulação. Exigem menor profundidade.

- Portas sanfonadas podem ser uma solução bastante interessante, mas se acumulam num só lado do armário. Necessitam, por isso, de espaço lateral extra para a abertura total das portas.
- Portas retráteis são uma excelente opção para que elas "desapareçam". Liberam bastante o espaço de circulação, mas "consomem" espaço útil dos armários nas laterais.

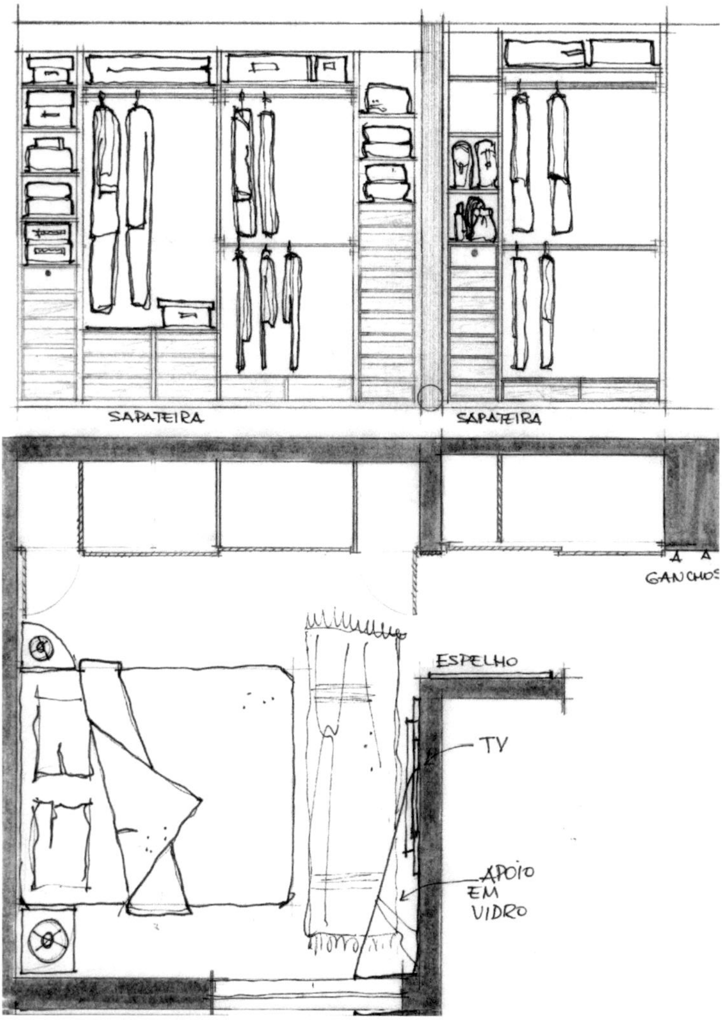

FIGURA 34 Planta baixa e vista frontal de armários com portas de correr e de abrir, num mesmo dormitório.

- Cortinas são essencialmente decorativas e ideais para locais em que a umidade e a circulação de ar são um problema. É uma solução bastante informal.

Caso o **closet** esteja localizado próximo ao banheiro, certifique-se de que exista uma porta entre os dois ambientes para evitar umidade nas roupas. É bom instalar um exaustor próximo ao chuveiro para manter o closet sempre arejado.

Alguns supermercados vendem produtos desumidificadores para serem colocados dentro de closets e armários, "retirando" a umidade do ar e a armazenando num pequeno contentor. Esses produtos são adequados para áreas com pouca ventilação e podem durar de quatro a seis meses.

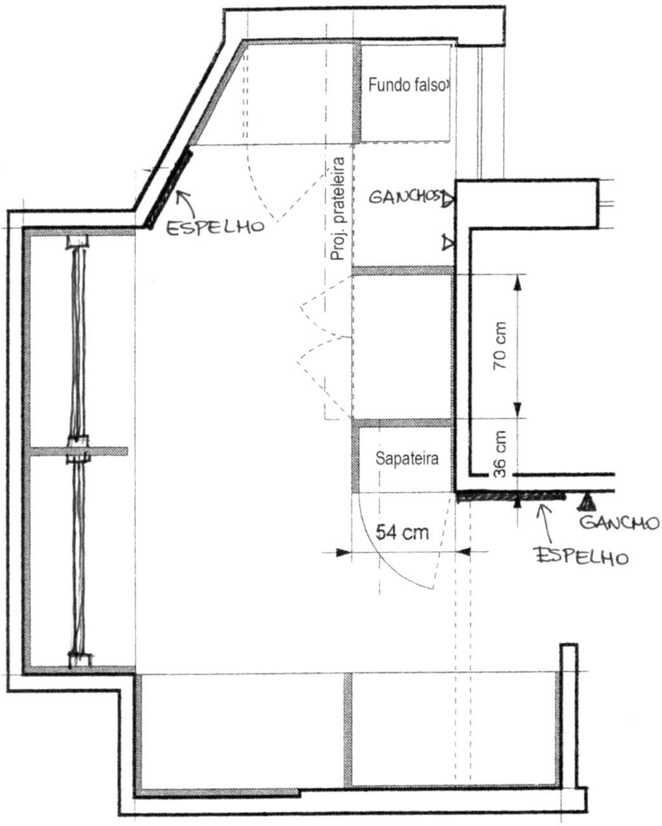

FIGURA 35 Exemplos de closets em planta.

Os closets podem ter diferentes formas, com ou sem portas. Opções abertas devem ter pelo menos uma porta na entrada do closet para evitar excesso de poeira e proporcionar um pouco mais de privacidade e segurança, pois pode ser trancado se for o caso.

Planejar, no armário dos dormitórios, espaço para cobertores, travesseiro, cobertas – e, quem sabe, até para toalhas e lençóis – é uma ideia para organizar melhor a casa.

Caso essa não seja a opção mais indicada para a casa em pauta, toda a roupa de cama e banho pode estar organizada num mesmo local, próximo aos dormitórios ou mesmo à lavanderia.

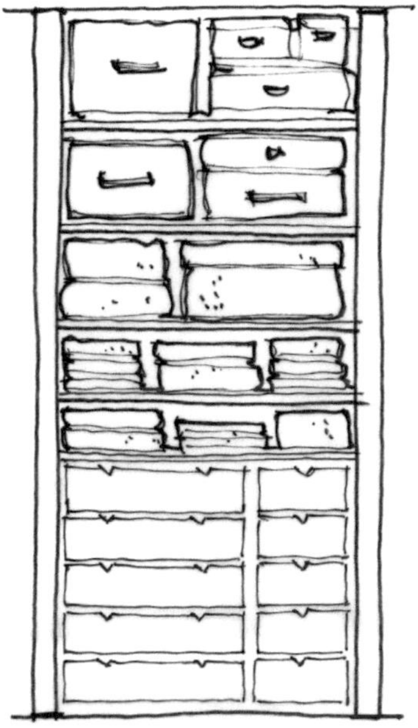

FIGURA 36 Vista frontal de armário para lençóis, toalhas e demais peças de enxoval, com prateleiras sem divisão e gavetas de diferentes tamanhos.

Não esqueça que **espelho** é fundamental. Pode estar fixo na parede, atrás da porta de entrada, atrás ou na frente das portas dos armários. Será sempre melhor se forem mais de um, instalados de forma a permitir que se veja o corpo todo de frente e de costas.

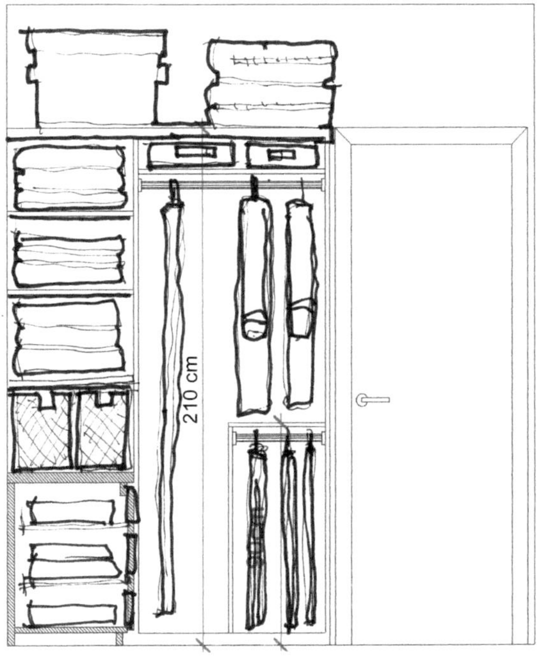

FIGURA 37 Exemplo de distribuição interna em armário compacto.

Banheiros

Esse é um ambiente que pode requerer quantidade razoável de espaço para estocar coisas. A melhor opção, ou seja, a de manutenção mais simples, é aquela com bastantes armários e/ou gavetas. Quanto mais "guardadas" e longe da poeira/água as coisas estiverem, menos trabalho na hora de limpar a bancada.

Algumas pessoas preferem expor perfumes e cosméticos. Seja como for, o importante é que tudo esteja em seu lugar, ou melhor, que tudo tenha um lugar definido.

Há quem considere o banheiro mais que um simples local para higiene pessoal: é um ambiente precioso para relaxamento durante um banho de banheira (ou de SPA), com óleos de diferentes essências, sais de banho, esponjas e todos os apetrechos possíveis e imagináveis para um total "desligamento" dos problemas diários.

Chuveiros com diferentes opções de massagem ou aqueles que simulam "chuva" podem ser opções interessantes. Alternativas com cromoterapia associadas ao jato d'água também têm sido bastante utilizadas.

Ao utilizar incensos, velas, óleos, seja qual for a opção para perfumar o ambiente durante um banho de banheira, tome cuidado com recipientes quentes e com a própria chama.

O importante é saber tudo o que tem de ser guardado e organizado para que se possa prever o modo mais prático, funcional e (por que não?) bonito ou chique de tomar banho.

Dicas:

- Para um banho de banheira diferente, faça uma mistura de óleo e leite, na quantidade que convier, com cinco a oito gotas de seu óleo essencial favorito para cada colher de leite (para dissolver o óleo), e jogue na água morna.
- Para relaxar, utilize lavanda (*Lavandula angustifolia*) ou menta (*Mentha arvensis*). Para dores de cabeça ou energização, use alecrim (*Rosmarinus officinalis*). Ou laranja-doce (*Citrus sinensis*) para "levantar" e energizar.
- Escolha um aroma que agrade e não o use em exagero, pois o efeito poderá ser exatamente o contrário do desejado. Um exemplo disso é colocar perfume de lavanda no dormitório, um travesseiro de lavanda na cama e ainda tomar banho com sabonete de lavanda. O excesso de perfume poderá incomodar, impedindo uma boa noite de sono.

- **Vaso sanitário**. Escolha com atenção, verifique o quanto o vaso é confortável e quão econômico será ao administrar a quantidade de água utilizada na descarga. Atualmente, o mais indicado são os vasos com caixa acoplada. Verifique quais devem ser suas dimensões em relação ao tamanho do banheiro em pauta.

  As cores podem mudar com a moda, mas as mais recomendadas são as claras, que possibilitam detectar mais facilmente a ocorrência de certos problemas de saúde.

  O vaso poderá fazer parte do banheiro ou estar "entre paredes". Analise a utilização do banheiro para saber qual a opção que mais convém à família.

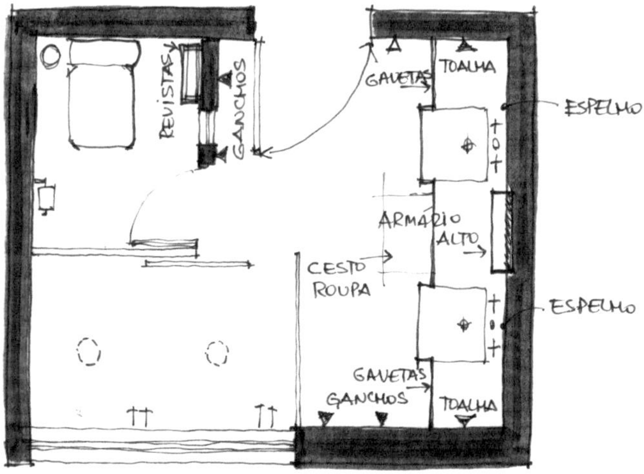

FIGURA 38 Planta de banheiro de casal.

- **Suporte para rolos extras de papel higiênico** podem ser uma opção para facilitar a manutenção dos banheiros. Existem, por exemplo: modelos de piso; variações com instalação na parede; modelos mais artesanais para serem pendurados atrás da porta; ou ainda cestos para serem dispostos em prateleiras externas ou dentro de armários.

- Para algumas pessoas, o **bidê** é uma peça de uso diário (ou poderá desempenhar um papel importante em caso de doença na família). Certamente ocupa espaço do banheiro e pode ser substituído por uma **duchinha** de parede. Essa ducha poderá ser somente fria ou de água fria e quente. A diferença depende da instalação de água criada para ela. Embora não substitua totalmente o bidê, ajuda bastante, podendo facilitar a lavagem do banheiro ou lavabo. Toalha para o bidê ou para o vaso (no caso da duchinha) deve estar próxima a eles. Portanto, prepare um local para ela, além de sabonete e outros produtos aí utilizados. Não se esqueça de manter uma escova de limpeza com suporte e desinfetante junto ao vaso sanitário. A lixeira também é fundamental – estude as diferentes opções e tamanhos, de acordo com o número de pessoas que utilizam cada banheiro.

- Também o chuveiro deve ser escolhido com atenção. Tantos são os tipos e os tamanhos encontrados, que é necessário fazer uma análise cuidadosa. Verifique o quanto são econômicos, quais os tipos de jato, como devem ser instalados e o material de que são feitos. Estude também se deve haver um ou dois chuveiros no boxe (ou dois boxes) na suíte. Todos os detalhes deverão ser analisados e avaliados antes de organizar ou reformar um banheiro.
- O boxe poderá ser fechado utilizando diferentes materiais, como vidro, acrílico, cortina ou mesmo alvenaria. A porta poderá ser de abrir, de correr ou até inexistir. Providencie local para xampus, sabonetes, escovas, espelho e tudo o mais que seja necessário ali.

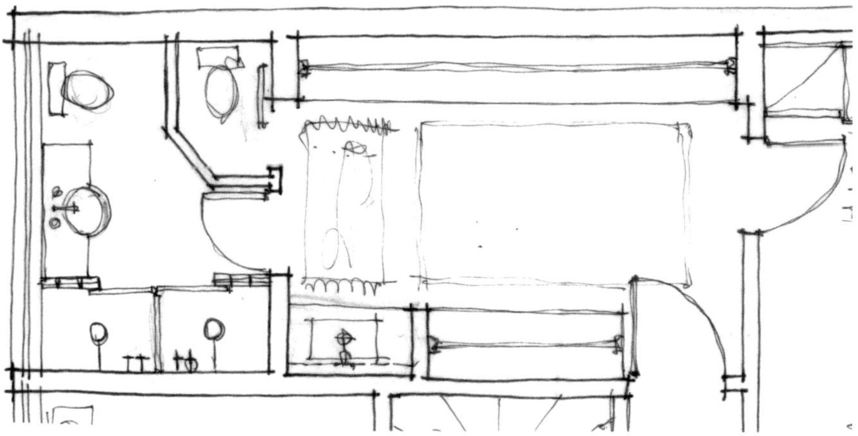

FIGURA 39 Planta de estudo para banheiro, com dois chuveiros e uma cuba. No closet, um vaso sanitário extra, com cuba externa.

- É cada vez mais frequente instalar **banheiras**, principalmente as de **hidromassagem**. Pense bem e analise o custo-benefício de sua instalação. Certifique-se de que será realmente utilizada e o quanto, então escolha o modelo ideal. Antes de escolher o tamanho, verifique quanta água vai gastar, pois o consumo de água tem sido um problema global.

  Faça uma lista de tudo o que será colocado próximo à banheira e escolha como será armazenado. Prateleiras, armários, aramados, cestos, etc. – escolha a composição que mais agradar. Não esqueca de colocar um tapete entre a banheira e o chuveiro ou mesmo no acesso à banheira.

Dica:

Um suporte aramado apoiado nas laterais da banheira é uma maneira rápida, limpa e eficiente de organizar esponja, sabonetes, etc.

Lembre-se: devemos tomar extremo cuidado na escolha dos materiais de revestimento. Quanto mais brilhantes, mais tendem a ser escorregadios quando molhados. O piso de áreas molhadas pode ocasionar quedas, constituindo um grande perigo dentro de casa.

- **Pia**. O tipo de pia influenciará bastante na quantidade de espaço disponível para os armários. Analise, portanto, as opções e o espaço que cada uma delas permite criar para estocagem. O tamanho e a forma também são fatores a considerar, pois necessitamos de um espaço mínimo para nossa movimentação adequada. Pias sobrepostas à bancada tendem a tornar a limpeza da bancada um pouco mais difícil, pois facilitam o acúmulo de água ao redor da pia, o que não costuma ocorrer com aquelas embutidas sob a bancada.

- A **bancada** poderá ser de vários materiais. Analise a funcionalidade de cada um, sua resistência a manchas e principalmente sua manutenção. Calcule corretamente as dimensões do armário acima da pia, evitando bater a cabeça nele enquanto lava o rosto ou escova os dentes. A bancada deve ter mais ou menos 15 cm de cada lado da pia para permitir a movimentação adequada dos braços.

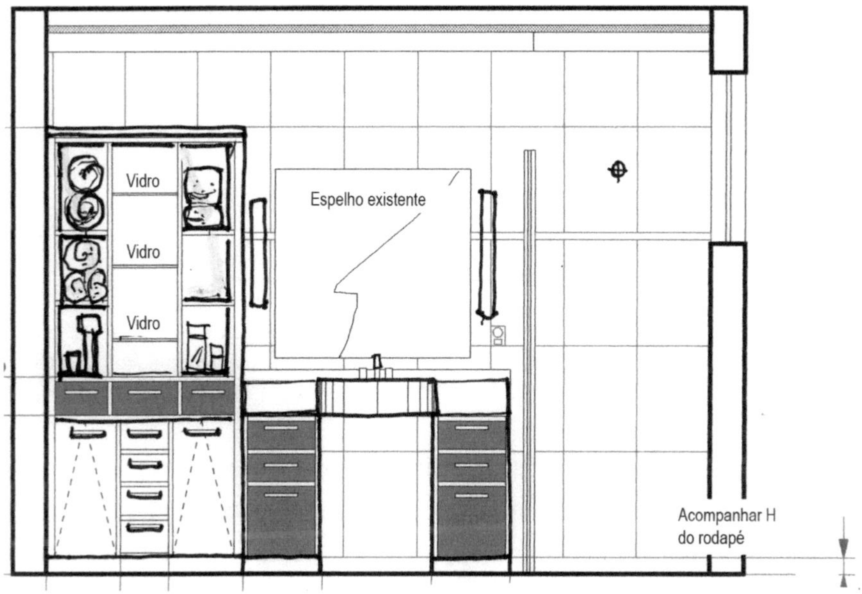

FIGURA 40 Vista frontal de bancada com uma pia e armário alto.

- **Armários sob a pia** funcionam melhor quando dotados de gavetas e, se possível, de um conjunto para cada pessoa que utiliza a mesma bancada. Algumas opções apresentam espaço para roupa suja, armário para papel, toalha, sabonete e tudo o mais que será guardado ali, inclusive alguns **produtos de limpeza** para o banheiro, agilizando a manutenção diária do local.

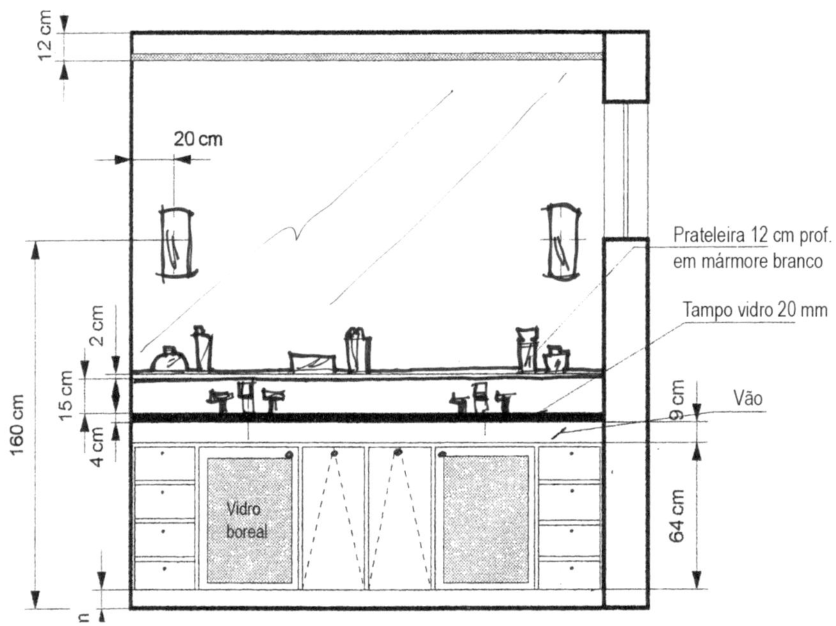

FIGURA 41 Vista frontal de bancada com duas pias e dois corpos de armário, incluindo gavetas e cesto para roupa, com prateleira para perfumes e iluminação frontal no espelho.

- **Armários altos.** Não precisam ser fundos (bastam cerca de 20 cm de profundidade). Prateleiras reguláveis podem ser mais eficazes, mas as fixas, de diferentes alturas, também funcionam bem. Portas de espelho são sempre muito bem-vindas, já que refletem ainda mais a luz no ambiente, além de ampliar consideravelmente o espaço.

> Lembre-se: verifique frequentemente a validade dos produtos de beleza. Jogue fora todos os produtos com validade vencida, mantendo o estoque de produtos sob controle.

- **Medicamentos.** Podem estar guardados no armário alto, baixo ou num contentor apropriado. Para garantir maior segurança para a família, verifique a necessidade de instalar chave no local onde os remédios são guardados.

Lembre-se: verifique com frequência a validade dos medicamentos. Jogue fora todos os vencidos. Guardar as bulas dos medicamentos já utilizados ou jogados pode ser uma boa opção para quando precisar lembrar do nome de um medicamento já receitado.

- **Ganchos e suportes para toalhas e roupas.** Devem ser instalados em quantidade suficiente. É fundamental haver espaço para colocar as roupas tiradas antes do banho, para a toalha e até para as roupas ou o roupão a ser vestido após o banho.

  Algumas opções não precisam ser "instaladas", como, por exemplo, aquelas com ventosa, as opções que podem ser coladas atrás das portas ou enganchadas nelas ou até aquelas com pedestal.

  Verifique o local correto para os porta-toalhas (fácil acesso quando se está no chuveiro, etc.) e a altura correta para a instalação (evite que a toalha toque o piso).

  Suportes que aquecem ou secam toalhas podem ser encontrados nos modelos mais diversos e requerem tomadas de eletricidade.

Dicas:

- Em banheiros para adolescentes e crianças, procure instalar suportes ou ganchos. Só assim as toalhas não ficarão jogadas no chão.
- Identifique bem as toalhas de "cada um" por meio de cores diferentes, ganchos personalizados ou letras e nomes bordados.

- **Prateleiras** de vidro, metálicas, de madeira ou mesmo de alvenaria são sempre bem-vindas. Podem estar junto à bancada, próximo ao vaso e ao bidê, dentro do boxe ou mesmo próximas à banheira.
- **Cadeira ou banquinho** de apoio pode ser útil no banheiro ou num local próximo a ele e de fácil acesso. Versões especiais para boxe (tipo banco) ou

de plástico também são uma opção. A versão pufe, em material resistente a umidade, traz mais conforto.

- **Tapetes** adequados (antiderrapantes) podem ser encontrados em diferentes cores, materiais e tamanhos. Ajudam a decorar, além de evitar escorregões em pisos molhados. Nas proximidades da pia, ajudam a manter a área mais enxuta.

  Para dentro do boxe – ou de banheiras, se for o caso –, providencie tapetes especialmente desenvolvidos para esses locais. Escolha os mais apropriados ao projeto e ao usuário.

- **Espelho** sobre a bancada é fundamental para o dia a dia. Espelhos de aumento são muito úteis para determinadas ações, como maquiagem, tratamento de pelos, e podem estar sobre a pia, instalados na parede ou mesmo dentro dos armários. A opção de um segundo espelho, por exemplo, em outro local do banheiro, pode ser uma saída para uma pequena bancada única e congestionada pela manhã. Caso seja conveniente, uma versão "para o corpo inteiro" pode ser facilmente instalada na porta do banheiro.

  Em banheiros pequenos ou com pouca iluminação, acrescente espelhos grandes.

- **A iluminação** do banheiro deve ser boa e setorizada. A melhor opção para a iluminação da bancada é a junção de dois tipos de luz: uma vinda do teto e outra frontal, vinda da parede. A do teto poderá ser halógena e proveniente de spots com refletores dicroicos (que não jogam o calor para a frente do spot) ou LED. As arandelas poderão ter lâmpadas fluorescentes (que não esquentam, mesmo perto do rosto). O conjunto, aceso ao mesmo tempo, impede a formação de sombras no rosto e a distorção de cores durante a maquiagem.

- **Aquecimento e exaustor** são fundamentais. O piso pode ser aquecido por sistema especial sob a cerâmica, e as toalhas, mantidas mornas utilizando porta-toalha com aquecimento. Também existe uma luminária central que funciona como aquecedor.

Sentir-se confortável antes, durante e após o banho é fundamental. Exaustores ajudam a retirar a umidade do banheiro, diminuindo a quantidade de vapor no ambiente. Podem ser instalados na parede, no forro de gesso ou mesmo numa luminária especial que também tenha essa função.

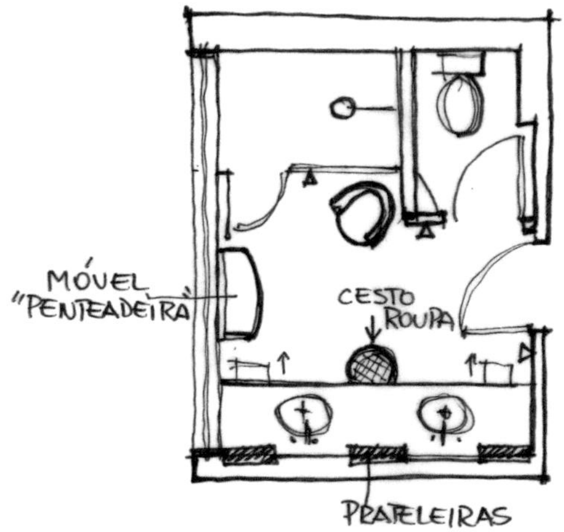

FIGURA 42 Planta baixa de estudo para banheiro, com vaso sanitário separado por parede, bancada dupla com cesto para roupa suja, móvel tipo "penteadeira" para maquiagem e cadeira de apoio. Três prateleiras embutidas na parede expõem perfumes e objetos decorativos.

Lavabo

Esse ambiente requer atenção. Os mais organizados que já vi continham quase tudo que poderia ser necessário a uma visita: tudo bem organizado em cestas sob a pia, numa prateleira, num armário ou mesmo numa pequena cestinha sobre a pia.

- **Toalhas** muito pequenas encharcam fácil. Portanto, coloque sempre mais de uma à disposição. Se for o caso, um local para dispor a toalha usada também deve estar à mão. Dependendo da ocasião, é melhor optar pela tradicional toalha de rosto.

- **Sabonetes líquidos** têm uma aparência melhor do que saboneteiras encharcadas ou sabonetes que podem rachar pelo pouco uso.

- **Escova ou pente** podem ser bem úteis, mas assegure-se de que estão totalmente limpos.
- **Escova de dente e pasta** devem ficar, de preferência, dentro do armário. Caso não haja espaço para "esconder" um item tão pessoal, há recipientes apropriados que ajudam bastante.
- **Porta-cotonetes** pode ser um ponto a mais no seu lavabo, bem como lenço de papel, fio dental e um rolo extra de papel higiênico (devidamente guardado ou embalado).
- **Perfumes, essências, etc.** podem estar à disposição, mas lembre-se de optar por flagrâncias suaves, pois muitas pessoas não suportam odores fortes.
- **Espelho** é fundamental: amplia o ambiente e ajuda a intensificar a iluminação do espaço.

FIGURA 43 Perspectiva de bancada de lavabo com armário sob a pia para guardar refil de sabão líquido, rolos de papel higiênico e produtos de limpeza. A gaveta guarda refil de cotonete, lixa de unha, fio dental, etc.

- **Armário** sob a pia pode ajudar a manter à mão produtos de limpeza, rolos extras de papel higiênico, refil de sabonete líquido, de cotonete e de tudo o que estiver diretamente ligado a esse ambiente.
- **Porta-revista ou jornal** pode ser uma boa opção de acessório para o lavabo.
- Não se esqueça da **escova de limpeza**, do **desinfetante** e da **lixeira**.

Escritório/home office

Planejar um escritório em casa pode ser uma tarefa bem complicada. Para simplificá-la um pouco, o ideal será analisar com bastante atenção como esse escritório deve ser.

Para definir sua **localização** dentro da casa, analise e priorize as necessidades desse ambiente como um todo, por exemplo:

- Caso pessoas estranhas à família tenham acesso a ele, procure posicioná-lo o mais próximo possível da porta de entrada e do lavabo. Assim, garante-se mais privacidade aos moradores.
- Se for o caso de ter tranquilidade e total ausência de rumores, escolha uma área longe da sala de tevê, por exemplo.
- Para utilização durante o dia, seria interessante uma área com iluminação natural abundante. Já para uma utilização maior durante a noite, tal fator é de pouquíssima importância.
- Caso o escritório possa dividir espaço com um outro ambiente, escolha o que possa se adaptar melhor às duas funções. Geralmente, o quarto de hóspedes acaba sendo uma das melhores opções quando as visitas não são tão frequentes que impeçam a dupla convivência de atividades.

Quanto à **utilização**, o escritório poderá ser:

- Utilizado somente por uma pessoa.
- Utilizado por duas ou mais pessoas que desenvolvam a mesma atividade.

- Compartilhado por pessoas que desenvolvam atividades diferentes.

Quanto ao **espaço ocupado**:

- Ambiente destinado unicamente ao escritório.
- Utilização dupla ou múltipla do espaço dedicado ao escritório.
- Quando não utilizado, desaparece facilmente, "camuflado" em outro ambiente.
- Adaptado a um espaço "inútil/vazio" de uma residência.

O processo de **planejamento e organização** segue sempre a mesma base de projeto utilizado para qualquer outro ambiente da casa:

- Faça um levantamento das necessidades das pessoas que utilizarão o ambiente, bem como das prioridades de cada uma.
- Liste os equipamentos e o mobiliário que serão necessários, bem como pontos de luz e iluminação.
- Faça uma análise de prioridades e equipamentos *versus* espaço disponível.
- Escolha o estilo e a decoração que mais agradam aos usuários e se adequam ao seu uso.

Iluminação direta sobre as bancadas é a melhor solução. Opte por spots ou por uma solução mais difusa, com a utilização de lâmpadas fluorescentes ou fitas LED sob armários ou prateleiras.

Dicas:

- Caso trabalhe horas seguidas no escritório, aproveite a vista da janela ou então crie algum atrativo para descansar a visão e a mente enquanto trabalha.
- Pode ser útil criar uma área para conversas mais informais, área para reunião ao redor de uma mesa e até adicionar um minibar.
- Aproveite os cantos com soluções que permitam otimizar a utilização desses espaços, evitando que se tornem "depósito" inacessível de objetos.

- A **mesa** utilizada dependerá do tipo de escritório. Basicamente, pode ser um tampo bem apoiado em gaveteiros, pés, bases, etc. ou uma peça de decoração, como uma antiga escrivaninha. O importante é que suas dimensões sejam compatíveis com a necessidade do usuário. Verifique o que deve permanecer sempre sobre a mesa e o que só é colocado sobre ela durante o trabalho. O **tampo** deve ser de material compatível com a utilização da mesa ou revestido por acabamento adequado e funcional. Madeira pode marcar facilmente, laminados são resistentes e de fácil manutenção, mas também mancham. Escolha a padronagem que mais se adapte à utilização, camuflando pequenos acidentes que possam ocorrer. Vidro pode marcar e riscar, além de parecer menos seguro quando há crianças por perto. Use-o de preferência em mesas de reunião ou para ajudar a ampliar espaços pequenos.

FIGURA 44 Estudo para escritório de canto com sofá para leitura.

Lembre-se: sistemas modulares são bastante flexíveis e permitem aumentar ou diminuir o escritório sem grandes problemas. Embora na maioria dos casos não permitam 100% da utilização do espaço disponível para o escritório, podem ser uma escolha bem mais econômica e rápida do que móveis feitos sob medida.

- **Cadeiras com rodízios e ergonômicas** são a melhor opção possível para esse ambiente. Sentar várias horas numa cadeira mal projetada pode resultar em pouca concentração, dor nas costas, etc. São inúmeras as opções disponíveis no mercado, podendo variar de poucos reais a uma quantia que, para muitos, será inaceitável. Tudo depende do grau de exigência, prioridade e principalmente do orçamento alocado para esse ambiente.

  Computadores e *laptops* podem variar consideravelmente. Como vivemos na era da tecnologia e das mudanças, é cauteloso evitar móveis projetados para um tipo específico de computador, ou seja, com tudo embutido e fixo. Em relação a equipamentos, verifique a probabilidade e a frequência de possível substituição de tecnologia antes de optar por uma solução menos flexível.

- **Equipamentos** que serão utilizados devem ser listados e medidos. Telefone, fax, impressora, escâner, aparelho de som, calculadora, ventiladores, etc. necessitam de tomadas, filtros, instalação correta e apropriada, além de bastante funcionalidade. Observe as indicações de instalação constantes nos respectivos manuais e garanta acesso fácil para a manutenção e o manuseio de cada um deles. Lembre-se também de que o equipamento no escritório hoje poderá ser substituído amanhã por uma versão mais moderna e que englobe mais de uma função, de modo a tornar obsoleto o primeiro equipamento. Portanto, procure uma solução de projeto mais flexível.

Dicas:

- Mantenha boa ventilação nos equipamentos e evite sol direto sobre eles.
- Proteja a corrente elétrica que abastece os equipamentos para prevenção de danos em caso de raios e alterações de voltagem.
- Pesquise o que há de novo no mercado tecnológico e o que pode beneficiar a organização desse espaço.

> Lembre-se: sempre guarde próximo aos devidos equipamentos os refis necessários de papéis, tintas, etc. Planeje as reposições para evitar interromper um trabalho por falta de material.

- Podem ser planejados **gaveteiros** para material básico de escritório (papéis, grampeador, grampos, canetas, lapiseira, réguas, etc.), para complementos dos equipamentos tecnológicos instalados no ambiente (cabos de computador, baterias, pilhas, CDs, manuais, papel para fax, cartuchos de impressora, etc.) ou ainda para pastas suspensas, arquivos, etc. Tudo depende da forma de trabalhar do ocupante. Gaveteiros com rodízios podem ser mais flexíveis e úteis.

> Lembre-se: comece a separar os papéis para o imposto de renda assim que estiverem disponíveis. Separar uma gaveta para ir colocando tudo o que seja referente ao imposto poderá ajudar bastante na hora de prepará-lo.

- **Prateleiras** podem ser bastante úteis para arquivos, pastas, livros, etc. Procure organizá-las de forma fácil e coerente, pois, assim, encontrar o que procura será uma tarefa rápida e prática. Procure separar arquivos e pastas em uso diário/frequente e aqueles destinados a arquivo morto, por exemplo.

  Verifique as alturas e as profundidades necessárias para livros, arquivos, pastas ou caixas.

  Portas podem ajudar a proteger contra poeira. Estude bem o espaço antes de escolher o tipo de porta mais conveniente.

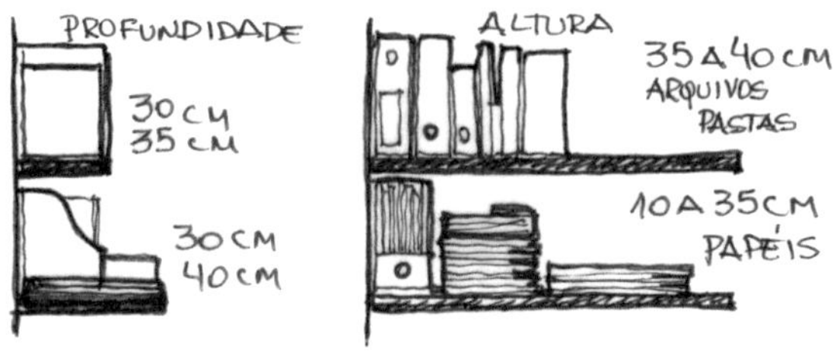

FIGURA 45 Algumas dimensões de prateleiras para pastas, arquivos e papéis.

Calcule os metros lineares necessários para os itens existentes e planeje espaço extra para futuras aquisições e ampliação de estocagem.

> Lembre-se: organize as pastas suspensas e os arquivos de modo simples e eficaz. Escolher diferentes cores para diferentes assuntos pode ser uma das maneiras de tornar mais eficiente o arquivamento de papéis.

- **Poltronas** ou cadeiras extras podem ser úteis numa conversa mais informal ou mesmo numa reunião com maior número de pessoas.

  Deve haver sempre à mão um **cesto para papel (lixo)** no estilo que mais agradar. Pode ser útil um triturador de papéis para eliminar qualquer documento ou papel mais importante antes de jogá-lo fora.

- **Acessórios** podem ser funcionais ou, ao contrário, encher a mesa de peças desnecessárias, desorganizando-a visualmente. Opte por peças realmente úteis e práticas. Uma visita a lojas especializadas em acessórios para escritório pode ajudar a encontrar soluções novas e diferentes.

> Lembre-se: escolha um local para manter um par de óculos, lenço de papel, porta-copos ou porta-xícaras (que evitam danificar a mesa) e também para o equipamento de limpeza diária.

- **Ganchos** para casacos e chaves podem ajudar a manter as coisas nos seus devidos lugares.
- **Quadro de aviso** – metálico ou de cortiça – ajuda na organização de papéis e recados, além de ser um centro de interesse no ambiente.
- **Calendário de parede** mensal, com espaço para anotações, além de ajudar a organização da semana/do mês quanto a pagamentos, eventos e reuniões, poderá contribuir para a decoração do ambiente.
- É bastante recomendável haver **iluminação** direta sobre as mesas de trabalho, além da iluminação difusa e geral do ambiente. Lâmpada halógena em refletor dicroico ou lâmpadas LED são opções bastante eficazes, pois a luz será brilhante e eficiente. Quanto mais flexível a forma de acender diferentes lâmpadas, mais eficiente e funcional será a solução.

FIGURA 46 Exemplo de escritório compacto.

Lembre-se: evite posicionar a iluminação de modo a criar reflexo na tela do computador/*laptop*.

Em espaços multiuso, por exemplo, pode ser melhor optar por luminária de braço flexível. Mais fácil ainda é alterar o posicionamento da fonte de luz durante diferentes tarefas com uma luminária com movimentos no braço e junto à lâmpada.

- O **piso** desse ambiente pode ser de diferentes materiais. Escolha segundo a funcionalidade, a praticidade e a manutenção necessárias. Madeira ajuda numa atmosfera acolhedora, sendo de manutenção fácil. Pisos duros e frios (mármore, porcelanato, granito, etc.) são mais eficientes se houver tapetes sob as cadeiras (para aquecer o ambiente) e espalhados no ambiente (para ajudar a abafar o som). Pisos como vinil, marmoleum, linóleo ou carpete antiestática são boas soluções. Escolha de preferência um carpete sem pelos altos, resistente e que suporte o rodízio das cadeiras sem marcar facilmente.

Dicas:

- Não sobrecarregue as tomadas.
- Utilizar um número de telefone diferente do existente na casa será uma boa providência para manter privada a vida pessoal.
- Evite criar sombra sobre o plano de trabalho. Se necessário, utilize uma luminária sobre o tampo da mesa.
- A cadeira deve ter rodízio, ser regulável e bastante confortável.
- Mantenha os pés apoiados no chão e os joelhos dobrados a 90º. Se necessário, para garantir conforto, adapte um apoio móvel para os pés.
- A tela do computador deve estar na altura dos olhos.
- Procure manter os cotovelos a 90º e paralelos ao piso.

Corredores

Geralmente, por sua função, são locais de bastante circulação. Considere esse fator ao escolher o material do piso.

- **Tapetes** podem ajudar a controlar o barulho, a decorar e a compor determinado estilo.
- **Quadros e fotos** ficam bem nesse ambiente. Agrupe as fotos de família numa disposição tipo galeria ou organize todos os pôsteres da casa numa única parede. Agrupar quadros ou fotos por assunto é um modo simples de organizar as paredes.
- **Coleções** de cristais, conchas ou objetos coletados pela família ou mesmo lembranças de viagens podem ser dispostos em vitrines, prateleiras ou qualquer outra forma que se adapte ao estilo da casa, às dimensões do ambiente e não atrapalhem a circulação.
- **Estante** para os livros lidos pela família podem estar nesse ambiente de fácil acesso a todos, bem como fitas de vídeo, CDs e DVDs (também de acesso comum).
- **Ganchos** nas paredes podem compor e criar um local específico para casacos e bonés.
- **Aparador/mesa** pode ser útil para apoiar carregadores de celular, cartas, telefone ou outros itens que possam ser organizados nesse ambiente.

Também o **computador** pode ser instalado nesse ambiente se as dimensões do espaço permitirem. É um local conveniente para supervisionar os usuários menores de idade e seu acesso à internet.

FIGURA 47 Exemplo de corredor interno com estante para livros, aparador para telefone celular e apoio e coleção de fotos de família.

2

Decorando ou reformando um ambiente

reformando

Decorar desde o início um ambiente vazio ou mesmo reformar um já existente é tarefa complexa, que exige coordenação, paciência, organização e investigação.

Quanto mais organizado e funcional for o processo, maiores serão as chances de terminá-lo sem tanto estresse.

Antes de começar realmente a pôr as mãos à obra, é importante parar, refletir e analisar a casa como um todo e cada ambiente com suas peculiaridades.

A primeira pergunta seria:

- Quem vive nessa casa?
  Uma pessoa, um casal, idosos, crianças, amigos: cada componente exigirá uma solução diferente.
- Quanto tempo cada pessoa passa dentro da casa?
  Se a casa fica vazia o dia inteiro, é mais fácil organizá-la e mantê-la arrumada do que se houvessem crianças dentro dela o tempo todo.
- O que as pessoas fazem quando estão em casa? E onde?
  Se passo o dia em casa, mas trabalho o tempo todo no home office, haverá menos problemas do que em um contexto em que estudantes universitários se reúnem para estudar juntos todas as tardes.
- Quais as características de cada pessoa (organizada, bagunceira, perfeccionista, detalhista, etc.)?

Uma pessoa organizada ou perfeccionista precisará menos de ajuda do que alguém desordeiro e estabanado! Nesse último caso, prever uma solução que ajude essa pessoa a manter a organização do ambiente será fundamental.

- Qual a atmosfera e o estilo preferidos para cada atividade feita em casa? Uma solução informal poderá ser bem diferente de uma formal, pois um ambiente minimalista requer pouquíssimo detalhe; já um espaço com estilo rústico e aconchegante poderá ser pleno de detalhes e móveis.

> Lembre-se: quanto mais for alterada a localização dos pontos de eletricidade e principalmente de hidráulica, mais complicado e sujeito a infortúnios tende a ser o processo.

Reformar é, na maioria das vezes, muito estressante e conflitante, sendo necessárias paciência e determinação.

Dicas:

- Se for a primeira reforma ou projeto de decoração que executa, vá com bastante calma, especifique bem o que quer e tenha sempre tudo escrito e registrado.
- A utilização de *e-mails*, quando possível, é o modo ideal de diminuir a probabilidade de erros e garantir o registro do processo junto a empreiteiros e fornecedores quanto aos materiais escolhidos e aos serviços contratados.
- Caso não seja a primeira "viagem", muita coisa já deve ter sido aprendida nos processos anteriores, mas muitas outras ainda estão por vir.

Para que o processo comece bem, será necessário seguir uma ordem, uma orientação. Não pule etapas, vá com calma.

Levantamento do local

Não é possível decorar ou reformar corretamente um ambiente sem antes analisar suas medidas e saber exatamente o que cabe e como é o ambiente que pretendemos decorar ou reformar.

Se o projeto for pequeno e bastante simples, poderão ser suficientes somente anotações relativas ao espaço disponível. Caso o projeto seja de médio a grande, recomendo algumas referências gráficas.

Os recursos gráficos disponíveis são vários, por exemplo, um programa básico de decoração no computador, desenho em papel-manteiga ou desenho sobre um papel quadriculado, usando os quadrados como referência de medida.

Aqui, manterei como referência a forma mais simples, ou seja, o papel quadriculado. Tenha em mente que o processo será basicamente similar para qualquer dos outros recursos gráficos existentes, o que muda é a forma de expressão resultante do processo escolhido.

Para começar, serão necessários uma **trena** (comum ou eletrônica), **papel** e **lápis** para anotar as medidas tiradas. Se alguém puder ajudar a segurar a trena, meça pelas paredes, ou pelo piso se estiver sozinho. Em qualquer dos casos, anote a espessura do rodapé (se houver).

- Tire as medidas do ambiente e anote.
- Meça e marque portas, janelas, armários embutidos, ar-condicionado e tudo o que for "fixo" no ambiente.
- Meça corretamente as distâncias do canto, da porta ou de qualquer outra referência, o centro dos interruptores e das tomadas, bem como torneiras, chuveiro, pias e ralos.
- Marque os pontos de luz existentes nas paredes e no teto.
- Meça todos os móveis e objetos que deseja manter ou colocar no ambiente.

Com as medidas anotadas, é hora de passá-las para o papel quadriculado.

Agora são necessárias folhas de **papel quadriculado** e **régua**.

Tomando os quadrados como referência e considerando que cada um deles tenha o tamanho de **20 cm x 20 cm**, passe todas as medidas para o papel. Um metro será igual a cinco quadrados, 50 cm corresponderá a dois quadrados e meio e assim por diante.

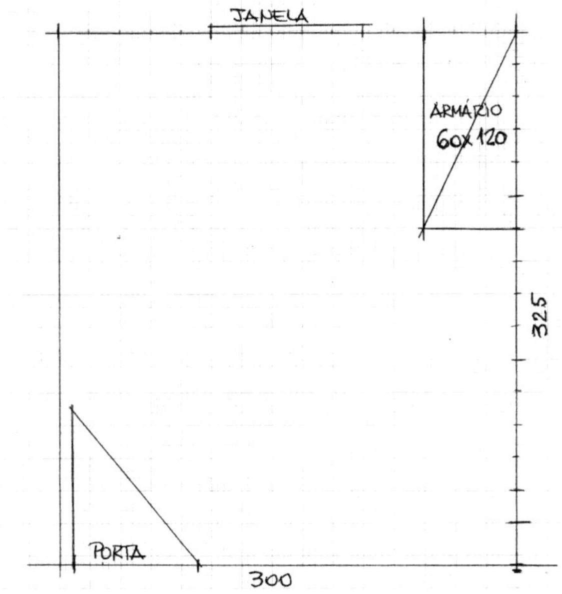

FIGURA 48a Exemplo de uma folha quadriculada com a marcação das medidas do ambiente e do exato posicionamento da janela, da porta e do armário embutido.

Mantendo a mesma referência de **20 cm** por quadrado, desenhe em outra folha as medidas (largura e profundidade) de todos os móveis que serão considerados no projeto. Recorte-os e pinte de cores diferentes para facilitar a identificação.

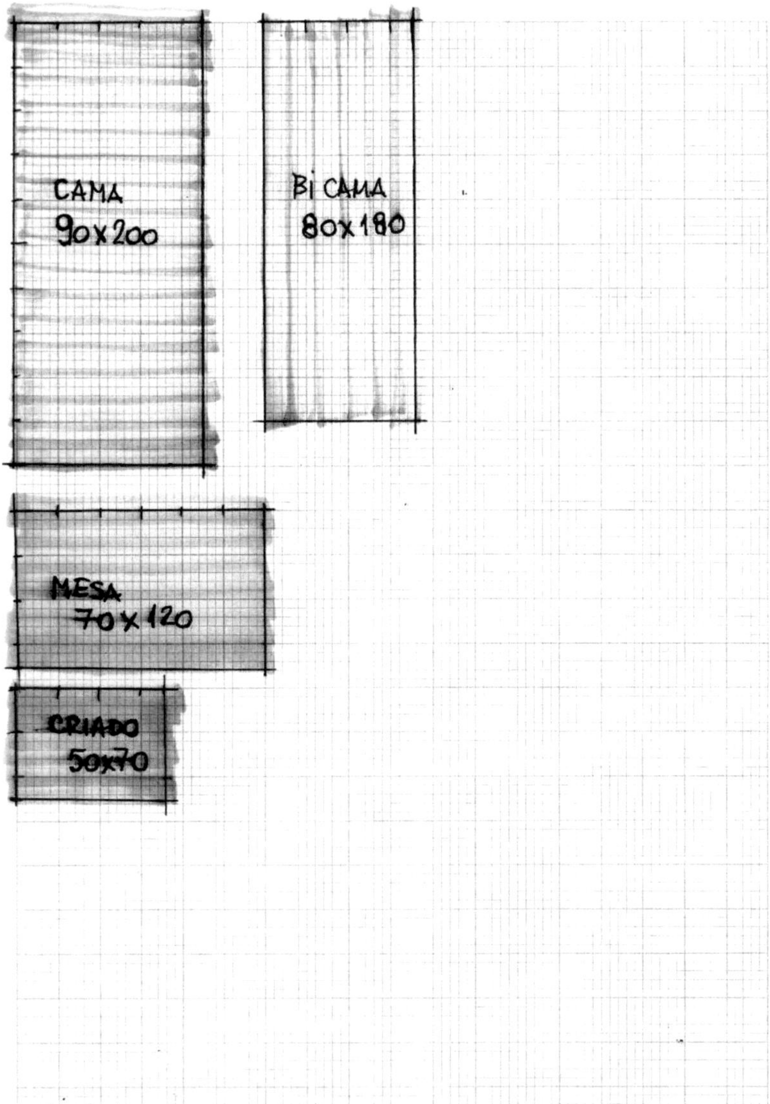

FIGURA 48b Exemplo do desenho de móveis numa outra folha quadriculada, seguindo a mesma proporção do ambiente onde deverão ser introduzidos.

Está pronta a referência visual de que precisávamos. Fica fácil mover os móveis nesse espaço e criar diferentes soluções de distribuição.

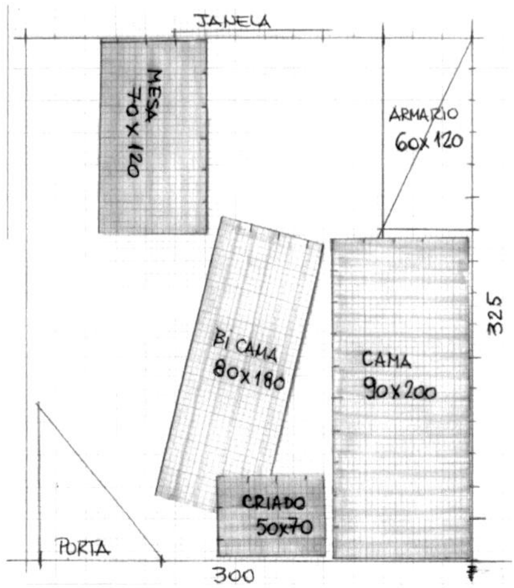

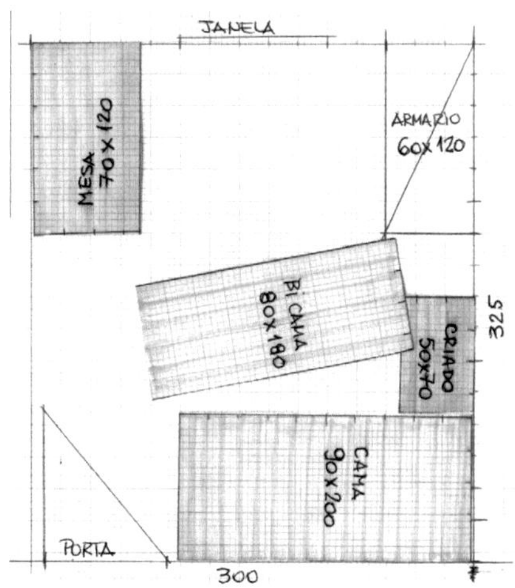

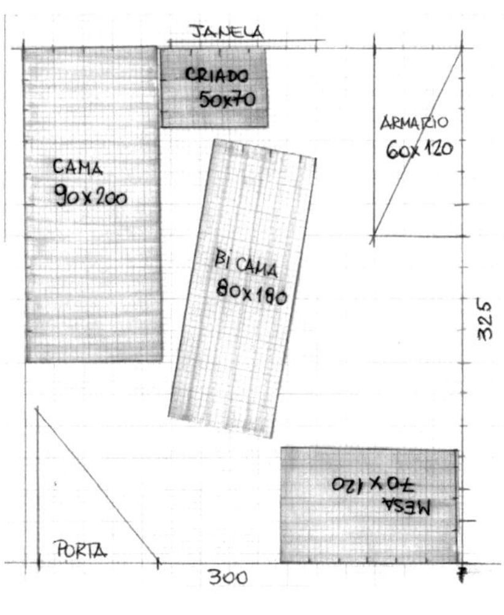

FIGURAS 48c, d, e Exemplos de diferentes opções de distribuição.

Quando alcançar uma distribuição que agrade mais, desenvolva-a.

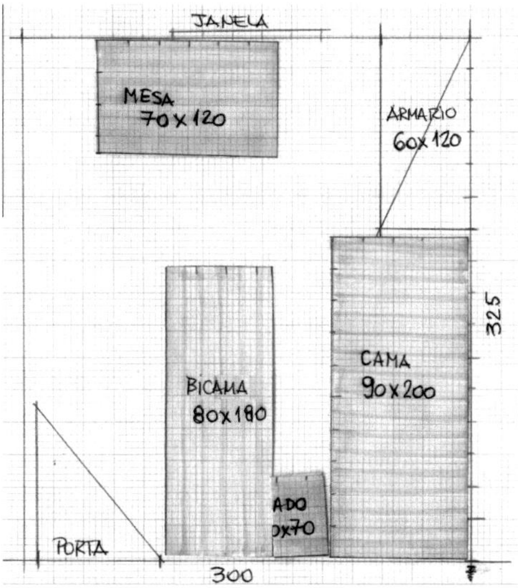

FIGURA 48f Exemplo da opção escolhida para a distribuição dos móveis recortados sobre a folha quadriculada com o ambiente determinado.

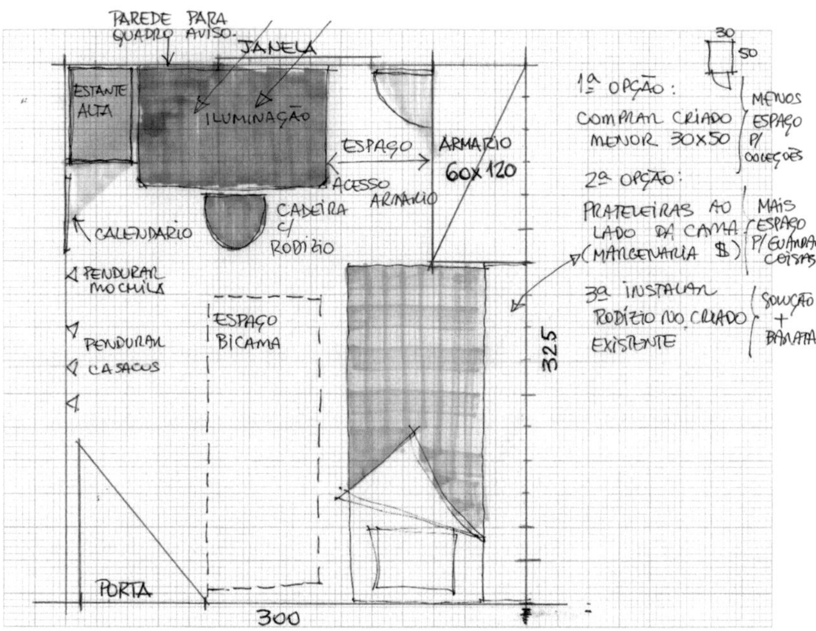

FIGURA 48g Escolhida a solução que mais convém ao projeto, podemos passá-la para o ambiente, definindo alguns detalhes do projeto.

Criando uma nova solução

Não posso mudar se não souber por que quero mudar. Posso simplesmente "retocar" a decoração ou fazer intervenções mais significativas que poderão exigir a total reformulação do espaço, para que ele fique mais funcional, eficiente e prático – e também mais atraente.

É impossível começar decoração ou reforma de um ambiente sem saber exatamente o que teremos de enfrentar. Quanto mais "no escuro" estivermos, maiores serão as chances de atrasos, gastos extras e até de fracasso do processo.

É hora de uma análise mais completa do espaço. Para ajudar na identificação de ações a serem executadas, serão necessários novos dados, agora referentes também aos acabamentos e detalhes existentes.

Lembre-se de que reciclar é uma boa opção em tempos de sustentabilidade. Analise os móveis tentando imaginar a possibilidade de reutilizá-los total ou parcialmente no novo projeto.

Faça anotação de todos os materiais de piso, teto, parede, etc. do ambiente. Uma tabela como a do exemplo a seguir poderá ajudar.

Item	Atualmente	Ação
Piso	Carpete bege-claro liso	Lavagem
Paredes	Tinta acrílica neutra em três paredes e uma em azul	Pintar novamente, eliminando a cor existente na parede atrás da cama
Janelas	Em bom estado	
Cortinas	Tecido em varão. Acumulam muita poeira	Substituir por uma solução de manutenção mais fácil e neutra
Iluminação	Geral, por plafon, com duas lâmpadas fluorescentes	Adicionar uma luminária para a bancada de estudo
Interruptores	Não existe interruptor próximo à cama	Contatar eletricista para criar novo interruptor
Tomadas	Falta uma tomada na bancada de estudo	Contatar eletricista para instalar nova tomada
Móveis	Cama em bom estado Criado-mudo quebrado Cadeira para estudo sem rodízio e desconfortável	Contatar lustrador Substituir criado-mudo Comprar cadeira com rodízio e ergonômica

cont.

Item	Atualmente	Ação
Móveis estofados	Poltrona pequena em péssimo estado	Contatar estofador e escolher tecido para forrá-la novamente
Armário	Embutido, em bom estado	Repintar as portas com tinta óleo na mesma cor das paredes
Sapateira	Não existe espaço suficiente para tênis e botas	Projetar sapateira próxima ao banheiro

Pensando em sustentabilidade

Nos dias de hoje não se pode mais decorar ou reformar sem considerar opções mais sustentáveis, que respeitem o meio ambiente e as gerações futuras.

O que devemos levar em conta na hora de reformar ou decorar quando queremos um projeto que respeite a natureza?

Reciclagem de materiais e móveis existentes.

- **Geração de pouco entulho**: quando for preciso trocar parte dos tecidos ou revestimentos e os materiais utilizados não existirem mais, pense em soluções alternativas de composição que possibilitem a troca parcial dos materiais. Componha com cores e padrões de maneira personalizada, em vez de trocar o revestimento que não precisa ser trocado. Quando não for possível reutilizar móveis e utensílios, doe a entidades beneficentes ou a pessoas que deles necessitem. Pense em reaproveitar os móveis no mesmo ambiente ou em ambientes diferentes e cogite a possibilidade de realizar uma nova pintura, trocar por um novo tecido ou mesmo fazer o desmembramento do móvel em partes que possam ser reutilizadas.
- **Utilização de fornecedores próximos**: quando possível, opte por fornecedores nas redondezas da obra, para que haja menos gasto com combustível nas entregas.
- **Aproveitamento de materiais e revestimentos produzidos com materiais reciclados ou de reflorestamento**: pesquise opções de materiais novos e certificados (ecológicos), e compare o custo-benefício. Procure comprar mobília feita com madeira de reflorestamento.

- **Uso de materiais que não sejam produzidos por processos poluentes ou que exalem gases indesejáveis**: se possível, escolha tintas que não exalem odores nem gases nocivos. Opte por produtos resistentes e de boa qualidade, e não pinte nem gaste quando não for necessário. Se houver a necessidade de pintar uma única parede, pesquise e use uma cor diferente que valorize o projeto.
- **Utilização de energias alternativas**: quando reformar o banheiro, opte por aquecimento solar e aquecedores de passagem (gás). Se possível, instale painéis fotovoltaicos no telhado. Abra janelas e portas, e permita a ventilação natural nos ambientes.
- **Baixo consumo de energia para manter a casa funcionando**: use diferentes interruptores para acender fontes diversas de luz em um mesmo ambiente. Só acenda o que for necessário, e quando necessário. Opte por eletrodomésticos eficientes, que consumam pouca energia, e utilize lâmpadas econômicas – quando possível (embora sejam mais caras, no princípio) escolha lâmpadas LED. Instale luminárias com sensor na área externa, ou mesmo em corredores ou garagens, e procure utilizar o máximo de iluminação natural em ambientes durante o dia.
- **Baixo consumo de água**: utilize chuveiros e torneiras eficientes. Opte por máquinas de lavar que possibilitem a lavagem a frio e a regulagem automática de volume de água por lavagem.
- **Captação de água de chuva**: se possível, instale coletores de água de chuva para utilizar em jardins, limpeza, etc. e opte por floreiras e jardins com plantas que não precisem de muita água.
- **Coleta seletiva para o lixo:** separe os diferentes materiais e recicle o máximo possível. Na cozinha, uma lixeira com lixo orgânico pode tornar possível reutilizar o lixo no jardim (composto orgânico).

Coletando dados

Com os dados referentes ao espaço já coletados, é hora de pesquisar e definir ações, exemplos, amostra de materiais, profissionais, etc.

Crie um **fichário**, uma pasta, para armazenar todas as informações que for coletando.

Use um **quadro de avisos**, por exemplo, para dispor amostras que for acumulando ou simplesmente as disponha sobre uma bancada que não esteja sendo utilizada.

> Lembre-se: olhar com frequência as amostras e fotos referentes ao projeto ajuda na escolha da melhor solução.

Um **calendário de parede** com espaço para anotações diárias é ideal para ajudar a controlar o uso do tempo, registrar fatos e lembrar de "coisas a fazer".

Não pode faltar uma **agenda** para anotar "tudo" que acontece no dia e o que deve ser feito no dia seguinte. Se preferir, pode ser utilizado um computador/*laptop*. Embora utilize programas de computador para projetar e controlar os projetos, não dispenso minha agenda, que, à moda antiga, armazena diariamente minhas informações como uma forma de *back up*.

Será sempre conveniente ter à mão um número de **fax** (aparelho ou no computador), pois, embora o *e-mail* já seja bastante comum (e prático), ainda há empresas e pessoas que enviam e recebem fax.

Dicas:

- Verifique todas as autorizações que devem ser solicitadas antes de começar o projeto.
- Certifique-se dos horários permitidos para barulho de obras, entrega de móveis ou materiais de construção ou qualquer outro tipo de serviço especial que tenha de ser executado.

Direcionando o projeto

Os dados estão coletados, o "escritório" está organizado. Agora é hora de colocar a "mão na massa" e efetivamente começar a projetar.

Se ainda não se estruturou, não comece: pode custar atrasos e tropeços.

Agora é o projeto que está em foco, e passa a ser fundamental definir "como será".

- Em relação aos detalhes do ambiente, verifique do que **gosta**, o que **incomoda** ou o que **não suporta**, por exemplo:
  - forma;
  - altura;
  - tamanho e posicionamento de portas e janelas;
  - existência de detalhes arquitetônicos, como pilares e vigas aparentes;
  - materiais de revestimento;
  - cores predominantes e de fundo;
  - iluminação natural e artificial;
  - atmosfera geral;
  - móveis;
  - acessórios decorativos.
- Identifique qual a **atmosfera** desejada para o novo ambiente, por exemplo:
  - tranquila, relaxante e calma;
  - luminosa;
  - espaçosa;
  - aconchegante;
  - dinâmica e estimulante.

- É o **estilo** a ser seguido que dita os detalhes do projeto. Pode-se escolhê-lo fazendo uma análise rápida do que mais agrada a família, por exemplo:
    - um estilo que referencie um passado mais distante;
    - estilo moderno, com referência à Bauhaus;
    - estilo contemporâneo, de tendência atual;
    - estilo de referência étnica;
    - misto de estilos.

    Qualquer que seja a opção de atmosfera e/ou estilo, a escolha prioritária é sempre por:

    - funcionalidade;
    - praticidade;
    - manutenção;
    - soluções ecologicamente corretas;
    - melhor custo-benefício da solução, dos materiais e dos móveis utilizados.

Essa etapa é fundamentada principalmente em **pesquisa**. Pode ser interessante folhear livros, revistas e jornais, bem como navegar na internet, além de, é claro, sair "em campo", visitando lojas e fornecedores.

Analisando e organizando as etapas de execução do projeto

Após a definição do projeto a ser realizado, é hora de administrar sua execução. É fundamental, portanto, definir a ordem em que as etapas devem acontecer.

Seguir uma sequência lógica – começando pelos serviços mais pesados e "sujos" e, depois, os mais simples e "limpos" – evita atrasos e complicações durante o processo.

Uma sequência bastante útil é esta:

- Etapas relacionadas diretamente a “quebras” e material grosso devem acontecer primeiro:
    - remoção/construção de paredes, adição/remoção de forro de gesso;
    - troca de azulejos e pisos;
    - adição/remoção de tomadas e interruptores;
    - mudança/adição/remoção de pontos de hidráulica.
- Serviços relacionados a poeira, lixas, pintura e retoques virão logo a seguir:
    - forros;
    - paredes;
    - rodapés;
    - portas.
- Instalação de pisos de madeira, linóleo, etc.
- Instalação de ventiladores de teto e luminárias de teto.
- Acabamentos de paredes, por exemplo, papel de parede ou vinil.
- Instalação de carpete.
- Instalação de móveis fixos e prateleiras.
- Distribuição de mobiliário.
- Pendurar e/ou fixar quadros, espelhos, etc.
- Instalação de cortinas.
- Colocação de tapetes e acessórios.

> Lembre-se: não tenha pressa de pendurar a cortina nova, colocar o tapete ou mesmo colocar os objetos decorativos no lugar antes de terminar todos os serviços relacionados a furos e poeira. Evite refazer tarefas ou criar novas para depois não ter de mandar lavar as cortinas novas.

Mantendo o orçamento

Em qualquer reforma ou projeto de decoração, é importante ter orçamento, meta ou mesmo limite para os gastos.

Os ambientes mais caros para reformar ou decorar costumam ser os banheiros e a cozinha.

Reformas costumam consumir mais tempo e dinheiro do que o previsto. Infelizmente, quase sempre acaba acontecendo um imprevisto, e o custo aumenta. Um exemplo é quando vamos trocar as torneiras e acabamos tendo de trocar também os registros, o que significará quebrar paredes, e assim por diante.

Portanto, tenha certeza do que realmente quer fazer e evite a postura **"já que"**. Já que estamos trocando os azulejos, vamos também trocar as louças? Já que estamos trocando as louças, vamos trocar também as torneiras?

O mesmo poderá acontecer quando da organização de um dormitório. Já que estamos organizando o armário, vamos organizar ao mesmo tempo a cômoda? Já que estamos trocando o armário, vamos pintar novamente o quarto? E assim caem por terra todo o planejamento e o orçamento, além de tumultuar bastante o andamento do processo.

Será difícil manter o orçamento e principalmente terminar no tempo estipulado. Não são raras as famílias que começam uma reforma para o Natal e só terminam no Carnaval.

Dicas:

- Saiba exatamente o que pretende fazer antes de começar qualquer reforma ou organização.
- Defina um montante para ser gasto e controle passo a passo a evolução das despesas.
- Calcule o tempo para começar e terminar a obra, com relativa folga para cobrir contratempos que sempre acontecem.
- Verifique as precauções que devem ser tomadas para evitar que sujeira e poeira invadam o restante da casa.

- Não comece a obra enquanto não verificar os itens anteriores.
- Controle o tempo e agilize as tarefas sempre que possível.
- Se pretende terminar até o Natal, não comece a reformar depois de outubro.
- Não altere o projeto durante a execução: tal procedimento gera atrasos, aumento de custo e desagrada todos que estão envolvidos no processo;
- Mantenha sempre à mão uma pasta com todos os documentos e papéis relacionados ao projeto. Nunca se sabe quando vamos precisar de uma informação.
- Guarde os nomes e endereços das pessoas com quem tratou, além de cartões de todos os fornecedores e pessoal utilizado no projeto. Manter uma agenda com anotações e cartões grampeados nas datas das primeiras tratativas ajuda bastante quando precisamos relembrar exatamente datas e visitas a estabelecimentos.
- Procure fazer um controle diário. Pode ser uma péssima ideia deixar para anotar depois: acabamos esquecendo pequenos detalhes que podem alterar o controle geral da obra.
- Procure, de preferência, tratar serviços, controlar execuções e acertar entregas por *e-mail*. É sempre bom manter documentadas todas as tratativas envolvendo o projeto.
- Mantenha amostras dos materiais utilizados, bem como anote a referência, as cores e o nome das linhas de torneira, chuveiros, louças dos banheiros, armários e móveis modulares, sofás, poltronas e tudo o mais que possa ser útil na manutenção ou numa futura reforma ou renovação.

Lembre-se: só quem pode garantir que o prometido será feito no tempo previsto somos nós mesmos. Quando delegamos responsabilidades a outras pessoas, não temos mais o controle direto sobre o serviço.

A confiança e a segurança do cumprimento de prazos e tarefas podem ser prejudicadas pela ineficiência, imaturidade, inexperiência ou mesmo pela falta de responsabilidade da pessoa responsável por determinado serviço.

3

O projeto de decoração

A forma básica de um espaço, os elementos arquitetônicos presentes, a cor, os revestimentos, os móveis, etc. sempre vão interferir no resultado final de um projeto. Portanto, saber contornar pequenos problemas e explorar os pontos positivos de um espaço é fundamental para o sucesso da decoração.

Utilizando o design

Primeiramente, vamos definir o que vem a ser design.

Design não é simplesmente desenho: é o resultado de um processo de criação. Podemos simplificar dizendo que "há design" em tudo aquilo que, para ser projetado, criado, necessitou, em seu **processo criativo**, da utilização, de modo consciente, de determinadas "ferramentas" de projeto. Estas ferramentas, podemos dizer, são os **elementos do design**:

- espaço;
- forma;
- linha;
- textura/padronagem;
- luz;
- cor.

Além de utilizar esses elementos, foram considerados alguns **princípios** fundamentais do design:

- equilíbrio;
- ritmo;
- harmonia;
- unidade;
- escala e proporção;
- contraste;

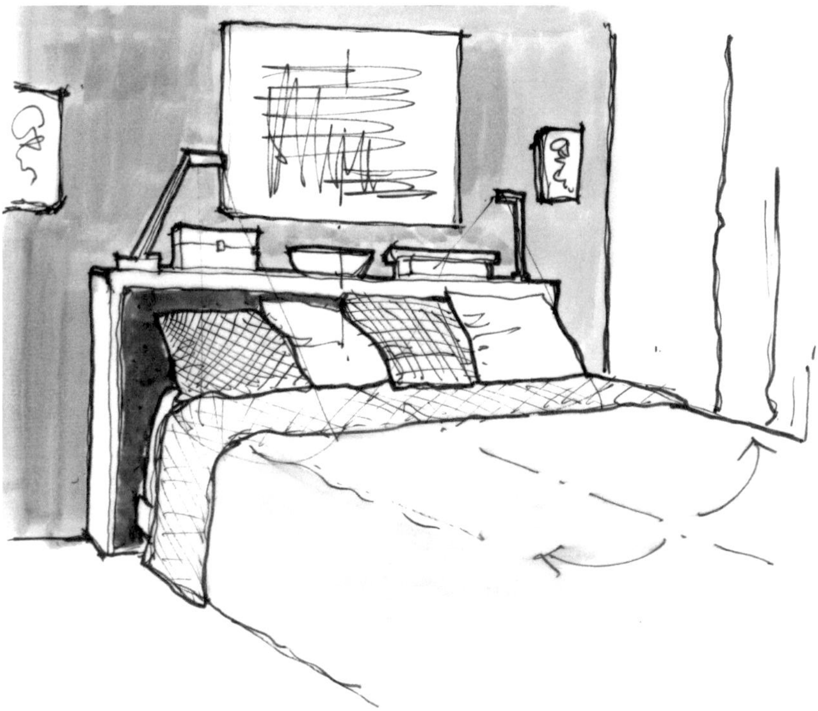

FIGURA 49 Neste exemplo, podemos identificar: espaço para um dormitório, predomínio da forma retangular e linha reta, utilização de diferentes texturas/padronagens, iluminação de tarefa para leitura e variação de tonalidades. Verificamos também a presença de equilíbrio simétrico, ritmo nas almofadas, harmonia e unidade na composição, contraste nas tonalidades, ênfase central no quadro e nas formas não muito variadas, pois tudo segue "linhas retas". Essa predominância dá ao ambiente um caráter mais "masculino". A função determinou a distribuição; foram aplicados diferentes materiais; a tecnologia influenciou o tipo de luminária e de tecidos (resistência a sujeira); e o estilo escolhido influenciou os detalhes compositivos.

- ênfase e centros de interesse;
- variedade.

Para finalizar e completar o processo criativo, teremos de afirmar que ele foi influenciado por aspectos como:

- função;
- materiais disponíveis;
- tecnologia;
- estilo.

> Lembre-se: só podemos afirmar que o resultado é design se o processo de criação de um ambiente, de uma peça ou mesmo de um detalhe da decoração utilizou todos os elementos do design, considerou todos os princípios que envolvem o design e, como tal, foi influenciado pelo estilo.

O espaço e os elementos arquitetônicos

Fazer o melhor uso deles, explorá-los na decoração ou escondê-los. Qualquer que seja o caso, sempre há uma boa solução a ser projetada.

Portas

Para determinada abertura, podemos sugerir inúmeras opções de porta. O primeiro passo dessa escolha é definir qual a relação desejada entre os dois ambientes ligados por ela.

As **portas de abrir** permitem maior privacidade a um ambiente (A); as **de correr** podem ser uma solução para integrar dois ambientes (B); as **sanfonadas** ampliam a ligação entre ambientes, possibilitando grandes aberturas (C). Já as **pivotantes** sempre estarão "no caminho", mas também podem ser uma peça "decorativa" na composição (D).

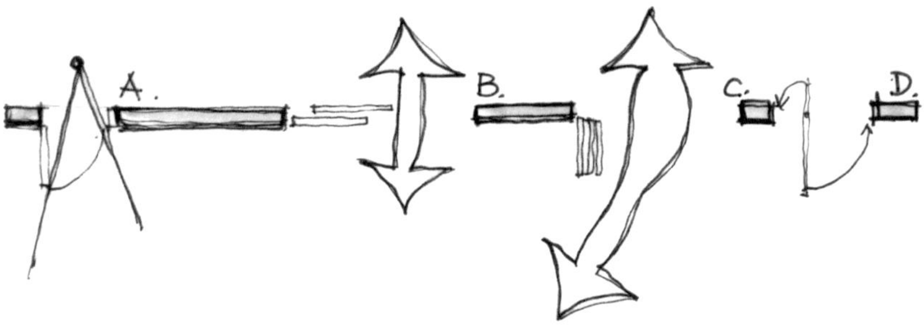

FIGURA 50 Exemplo de uma parede com os diferentes tipos de porta.

Quando a quantidade de portas num mesmo ambiente compromete a decoração, um recurso fácil e simples é a uniformização da cor de portas e batentes com a cor das paredes. Agindo assim, tornaremos mais neutro o "pano de fundo" da composição.

Já batentes, portas e paredes em cores distintas tendem a explorar as portas como participantes da decoração do ambiente. Esta última opção se adapta melhor a uma decoração baseada em cores neutras ou mesmo em composições acromáticas.

FIGURA 51 Exemplo de espaço com portas e batentes pintados em cores que contrastam com a cor das paredes.

Teto

Tetos e forros muito altos ou muito baixos podem ser um problema na hora de decorar. Utilizar alguns recursos compositivos pode resolver o problema de forma visual, mas não "física".

- Teto muito alto.

  Para "abaixar visualmente" um ambiente, podemos adotar alguns recursos, por exemplo, escurecer a tonalidade do teto e do piso (A), enfatizar as linhas horizontais do ambiente (B) ou ainda utilizar iluminação com facho de luz direcionado totalmente para o piso (C).

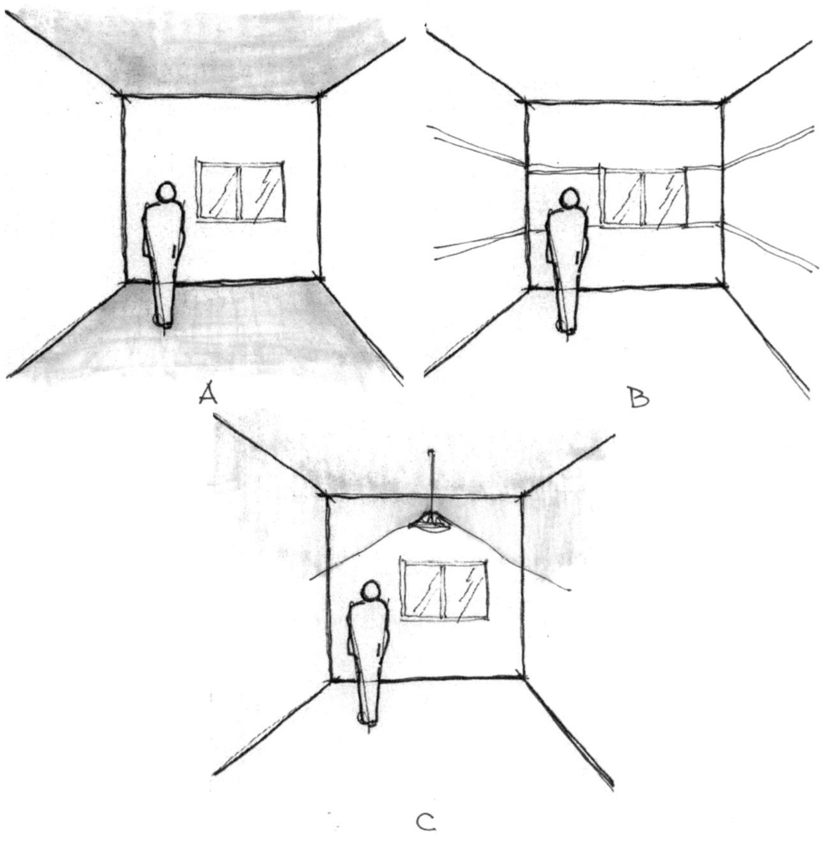

FIGURAS 52a, b, c.

- Teto muito baixo.

  Aumente "visualmente" a altura de um ambiente utilizando alguns recursos, por exemplo: manter iluminação direcionada para o teto, utilizando-o como um grande refletor (A), adotar para as paredes uma cor com tonalidade mais escura que a cor do piso e do teto (B) ou explorar e criar mais linhas verticais que horizontais no ambiente (C).

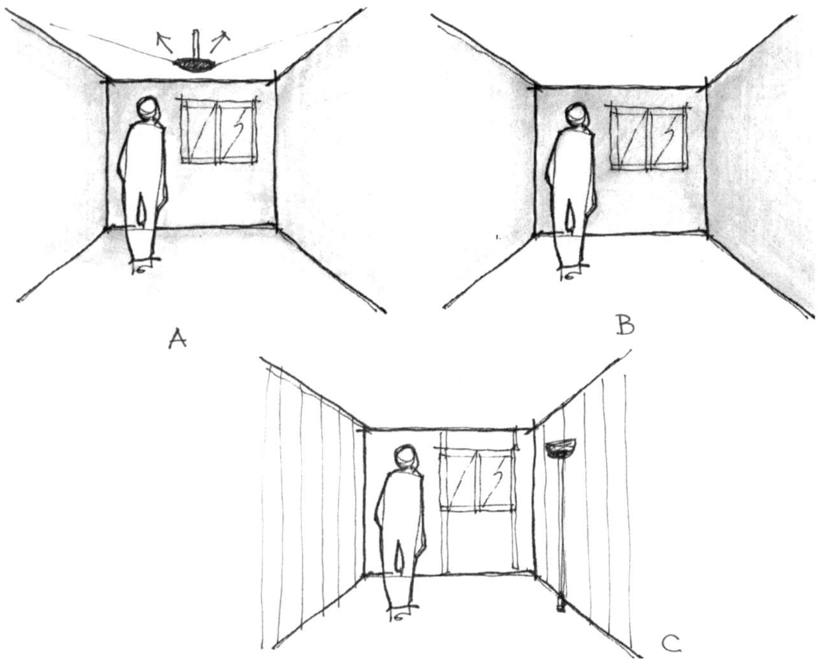

FIGURAS 53a, b, c.

Paredes

Num ambiente, as paredes ocupam grande área do que "vemos e percebemos" e, portanto, são ferramentas importantes no processo de decoração.

Dependendo da altura e do material, podemos criar diferentes soluções, cada uma delas com diferentes características visuais, de privacidade e de iluminação.

Para uma solução decorativa mais econômica – ou seja, que, sem muita reforma ou sujeira, permita mudar as características visuais do ambiente –, encontramos diferentes opções, entre elas a aplicação de papel de parede, vinílicos, pintura, texturas, etc.

Lembre-se: papéis de parede ou vinílicos podem ser uma opção mais econômica para reformas e transformações rápidas, pois são facilmente aplicados.

Podem ser uma boa opção para criar uma parede de efeito, pela disponibilidade em diferentes cores, padronagens e efeitos.

Cuidado na escolha da padronagem, pois, caso sejam utilizadas padronagens da moda, o ambiente pode "envelhecer" rapidamente. Caso seja essa a opção, conte com a sua substituição num período relativamente curto de tempo.

Vinílicos podem ser a opção mais eficiente para quartos infantis, pela facilidade com que são "lavados" e limpos.

Janelas

Diferentes motivos podem servir de razão para colocar uma janela numa determinada parede: ventilação, iluminação, insolação, ampliação de um ambiente ou ainda contemplar uma paisagem interessante.

Para cada motivo, é preferível determinado tipo de janela, com um tipo específico de abertura, pois cada uma delas apresenta características diferentes.

Alguns modelos ficam esteticamente melhores escondidos atrás de cortinas ou persianas, enquanto outros podem (e devem) ser incorporados à decoração.

Diferentes tipos de abertura permitirão diferentes modelos de cortinas; e estas, diferentes resultados visuais.

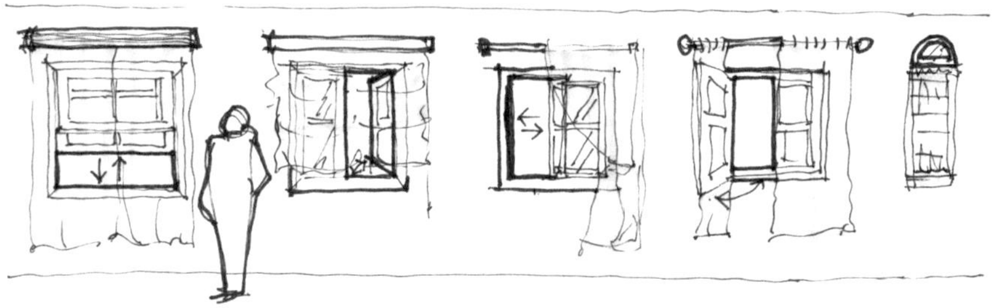

FIGURA 54 Alguns modelos de janela.

Vigas

Aparentes, podem dar aconchego a dormitórios (embora o Feng Shui as desaprove), salas de lareira ou mesmo livings. São belas em cozinhas rústicas e em ambientes amplos.

Caso o ambiente tenha pé-direito baixo, ou seja, pouca altura, será melhor desaparecer com elas. Para isso, basta pintá-las da mesma cor do teto.

Quando no ambiente houver apenas uma viga aparente, rebaixar parcial ou totalmente o teto pode ser uma opção para escondê-la (se for o caso). Iluminação embutida no rebaixo pode ajudar a "disfarçar" ainda mais essa solução.

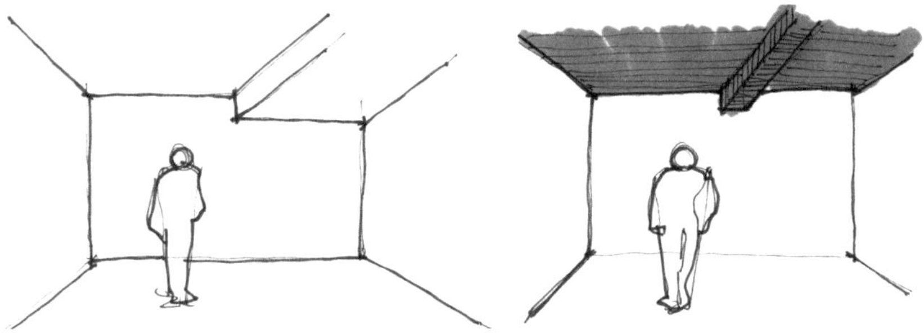

FIGURA 55 Mesmo ambiente com e sem gesso escondendo a viga.

Lareiras

Podem ser o ponto central de um ambiente ou, numa versão mais contemporânea e minimalista, "desaparecer".

Caso a parede da lareira seja revestida de material rústico, a iluminação por spot ajuda a ressaltar a textura do material, acentuando-a.

Uma solução simétrica pode destacar ainda mais a lareira, enquanto uma composição assimétrica foca a decoração do ambiente como um todo.

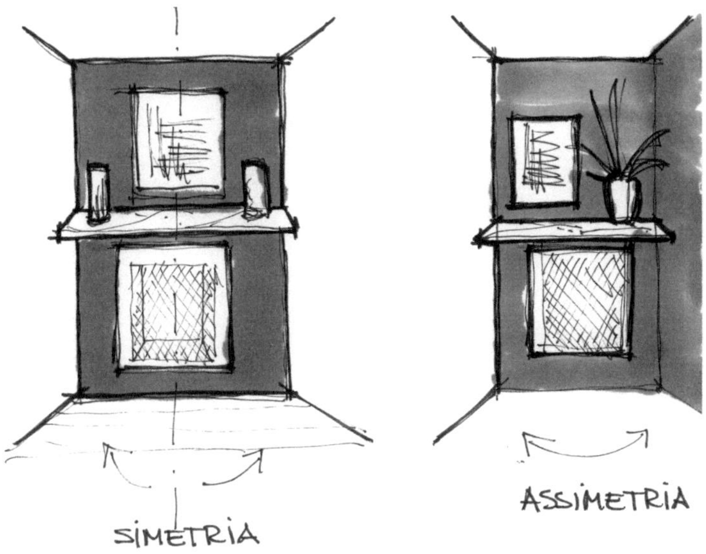

FIGURA 56 Solução simétrica e solução assimétrica para lareiras.

Forma do ambiente

Pode-se alterar a forma original de um espaço quando for necessário melhorar as características de um ambiente. Um resultado pode ser obtido por meio da demolição e/ou da construção de elementos ou simplesmente adicionando cores, textura, padronagem, modificando a iluminação, etc., alterando "visualmente" (e não fisicamente) um ambiente.

O importante será "entrar" no espaço e "sentir" o que ele tem a dizer. Identifique se é monótono, muito longo, opressivo, etc., e então procure modificar tal sensação.

- Ambiente quadrado.

  Caso este seja o formato do ambiente, será interessante alterar a "força visual" das paredes. Ressaltar uma ou mais superfícies evita que o ambiente se torne monótono e permite que "mude de forma". Opções podem ser, entre outras: utilizar cor, textura ou padronagem contrastante em uma ou mais paredes (A), criar um centro de interesse numa parede (B), ou ainda acentuar as linhas do piso, de preferência em diagonal (C).

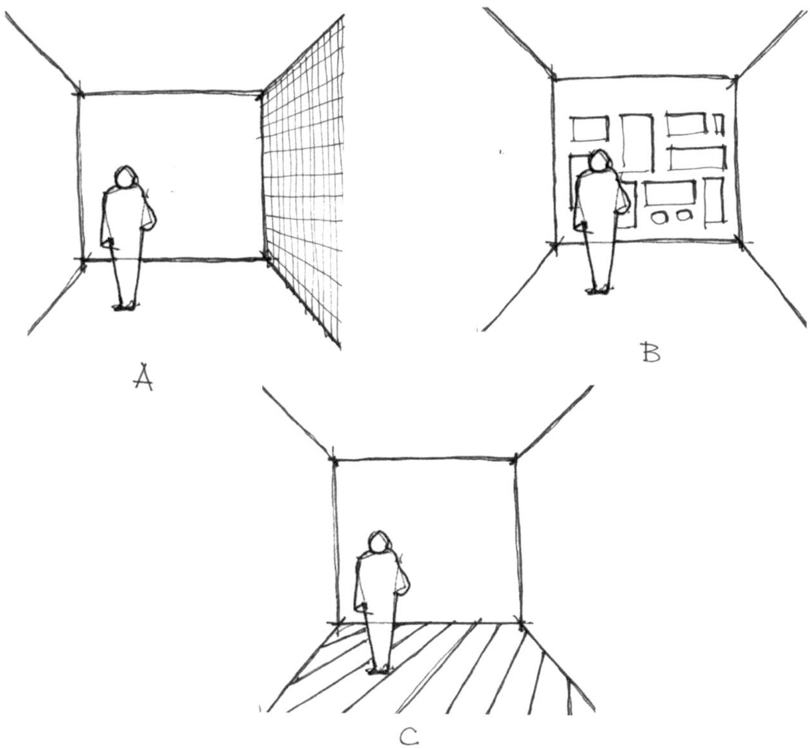

FIGURAS 57a, b, c.

- Ambiente muito longo e/ou muito estreito.

Esse tipo de ambiente pode ser "encurtado" ou "alargado" visualmente. Exemplos de recursos: ressaltar com uma cor quente a parede mais ao fundo do ambiente (A), ou ainda utilizar spots direcionados às paredes laterais (B).

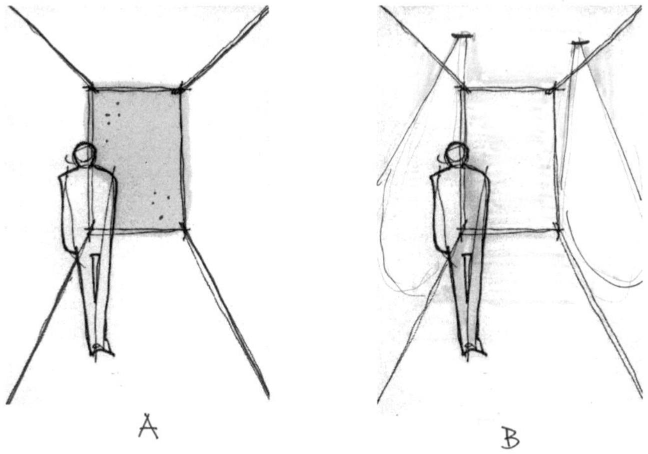

FIGURAS 58a, b.

Cores

Todos os itens de um ambiente, até mesmo os pequenos detalhes da decoração, têm uma determinada cor. Tal cor influencia o ambiente e atua no resultado final do projeto. Considere, portanto, cada pequeno detalhe adicionado ao espaço como parte integrante do ambiente e responsável pelo resultado final.

As cores das paredes e dos objetos podem mudar dependendo da luz que os ilumina.

Iluminação gerada por lâmpadas incandescentes, por exemplo, será mais amarelada do que aquela gerada por lâmpadas fluorescentes. Estas últimas, dependendo do tipo de lâmpada, podem gerar uma luz mais para o branco-azulado.

FIGURA 59 Exemplo de círculo cromático montado com amostras de cores de laminados. Cores primárias (azul, vermelho e amarelo) e complementares (laranja, verde e violeta).

Mesmo a luz natural, gerada pelo Sol, muda de cor num mesmo dia e, consequentemente, pode mudar a cor dos objetos sobre os quais incide. Pela manhã, o Sol tem uma luz mais amarelada, ao meio-dia, ela é mais "branca" e, ao entardecer, mais alaranjada, avermelhada.

A textura é outro fator que influencia a cor dos objetos. As texturas mais rústicas, mais ásperas, "apagam" a cor mais do que as superfícies lisas e brilhantes.

Lembre-se: utilize as cores como ferramenta de projeto, ou seja, utilize-as para alcançar determinado objetivo, por exemplo, alterar o formato de um ambiente, diminuir ou aumentar um espaço, "esquentá-lo" visualmente, estimular uma sensação, etc., e não apenas como elemento decorativo. Estude cada opção possível.

Na decoração, as cores estão presentes em diferentes materiais e acabamentos. Muitas vezes, não nos damos conta de que uma mobília em mogno é "vermelha", já em marfim, vai atuar mais como "amarela" e assim por diante. Portanto, cuidado, ao escolher os acabamentos, pense bem no resultado final desejado.

Mais do que qualquer outra influência, as cores atuam em nosso subconsciente e, na maioria das vezes, não nos damos conta. Apesar de a moda ditar tendências, cada cor atua diferentemente no nosso cérebro, estimulando determinada reação. Utilizar cores conscientemente é a melhor forma de tirar o máximo proveito dos estímulos gerados pelas diferentes cores e tonalidades.

> Lembre-se: analise cuidadosamente as características das cores a serem utilizadas antes de escolher as paredes onde irá aplicá-las para não criar o efeito inverso do desejado.

Escolhendo cores

Optar por uma cor não é fácil se quisermos saber qual cor realmente será melhor para determinado ambiente. Digamos que, quanto mais analisarmos as diferentes opções, mais chances teremos de alcançar nosso objetivo e criar um ambiente adaptado às tarefas a que se destina e, mais ainda, às pessoas que vão utilizá-lo.

Considere as **características do espaço** em questão:

- Quantidade de luz natural e artificial.

  Interfere na tonalidade final das cores, bem como indica quanto de reflexividade a cor deve ter.

- Dimensões (largura, altura e profundidade).

  Podem indicar, por exemplo, se, para alterar a forma do ambiente, será conveniente aplicar uma parede em contraste.

- Elementos arquitetônicos presentes (portas, vigas, pilares, colunas, etc.).

  Pode ser interessante ressaltar um elemento com determinada cor ou esconder elementos indesejáveis.

- Materiais das superfícies.

  Interferem na composição final, pois apresentam suas cores naturais.

- Textura e acabamento das superfícies (brilhante, opaco, liso, áspero, etc.).

  Influenciam na reflexão da luz e, consequentemente, na tonalidade final da cor aplicada em cada superfície.

Analise as **atividades** realizadas em cada ambiente e as pessoas que vão utilizá-lo:

- Idade das pessoas e temperamentos.

  As cores atuam fortemente em nosso estado de espírito e na luminosidade dos ambientes.

- Atividade mental envolvida e a concentração desejada.

  Cada cor estimula diferentemente nosso cérebro, acalmando-o ou acelerando-o.

- Estímulos complementares necessários.

  Ajudam a identificar cores que possam estimular nosso organismo a comer, estudar, conversar, relaxar e assim por diante.

A **atmosfera** a ser criada também será incrementada pelas cores escolhidas.

Como exemplo, uma pequena lista de algumas cores e sua potencial ajuda:

- **Relaxante, tranquila e calma**.

  Tons suaves, de tonalidades claras, a tons médios podem ser aplicados no hall de entrada, nas salas de estar, tevê, etc.

  Tons *off-white* ou neutros são sempre uma ótima opção para a casa toda.

  Nos quartos e banheiros, tons pastel de verde, azul e lavanda são muito recomendados.

- **Luminosa.**

  Uma composição toda em branco poderá ser muito interessante. Abuse das texturas.

  Utilize cores neutras em tons fracos.

- **Espaçosa.**

  Abuse de cores frias, pois ampliam os ambientes e afastam as superfícies.

  Para quebrar um pouco a frieza, utilize pequenos objetos em cores complementares.

- **Aconchegante.**

  O aconchego é mais facilmente obtido com a aplicação de cores mais quentes, pois elas aproximam as superfícies, podendo tornar o ambiente acolhedor. Abuse delas nos ambientes grandes, mas use preponderadamente nos pequenos.

  Cores como terracota ou mostarda e cores que lembram elementos da natureza poderão fazer grande sucesso nessa atmosfera, principalmente em dormitórios.

  Nas paredes, os tons de creme, em vez de branco ou neve, são mais aconselháveis em qualquer ambiente da casa.

- **Dinâmica e estimulante.**

  Cores que estimulam nosso cérebro são mais aconselháveis para atingir essa atmosfera. Tonalidades vivas são mais estimulantes que suas versões acinzentadas.

  Amarelo, laranja e vermelho são, portanto, bem-vindos. Porém, se utilizados em tonalidades fortes, podem deixar o ambiente estimulante demais.

  Tonalidades de laranja – por exemplo, o pêssego ou o mostarda – são indicadas para salas de tevê, salas de estar e varandas, pois estimulam o relacionamento entre as pessoas.

  Magenta pode adicionar movimento à composição.

Amarelos são interessantes em salas de estudo, copas ou qualquer outro ambiente que necessite de muita luz artificial, pois seu poder de reflexão de luz é bem grande.

Abuse dos tons *off-white*.

Temperatura das cores

Cada cor apresenta características diferentes quanto à sua temperatura e, portanto, interfere de modo diverso no resultado de um projeto.

- **Cores quentes: vermelhos, laranjas e amarelos**.

  Use para **diminuir** um espaço (onde forem aplicadas, aproximam as paredes) ou **aumentar** o tamanho de uma peça de mobiliário.

  Ajudam a **"esquentar"** visualmente um ambiente muito frio (com face leste/sul, por exemplo).

  Tendem a **estimular o apetite**, portanto, use advertidamente em salas de almoço, copa, cozinha e refrigeradores, bem como em jogos americanos ou tampos de mesa.

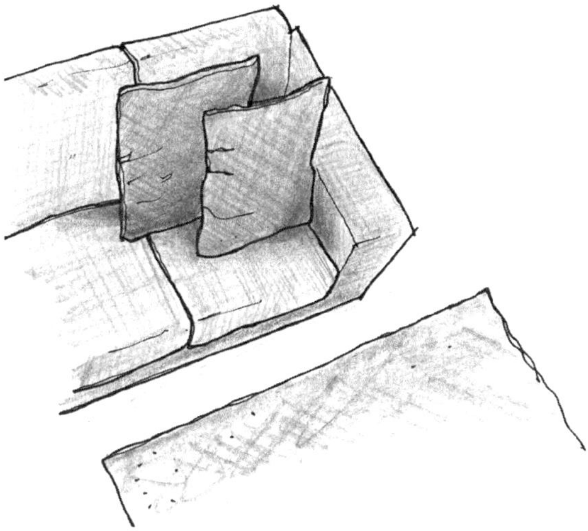

FIGURA 60 Cores quentes numa composição.

Ideais para **diminuir visualmente o comprimento** de um corredor, por exemplo, se aplicadas somente na parede ao fundo dele.

> Lembre-se: quando digo vermelhos, por exemplo, refiro-me às diferentes tonalidades e variedades encontradas, como o vermelho de um mármore rosa, de maçãs vermelhas dispostas numa fruteira ou de flores num vaso. Laranjas podem estar presentes na pintura "pêssego" das paredes, na cor da madeira do mobiliário, no piso laminado, no "mostarda" das almofadas e assim por diante.

- **Cores frias: azuis, violetas e alguns verdes.**

Podem ser utilizadas para **aumentar as dimensões** de um ambiente, pois afastam as paredes onde forem aplicadas.

Peças de mobiliário grandes, por exemplo, um sofá de quatro lugares, ficam bem nessas cores, pois elas ajudam a **diminuir visualmente** o tamanho das peças.

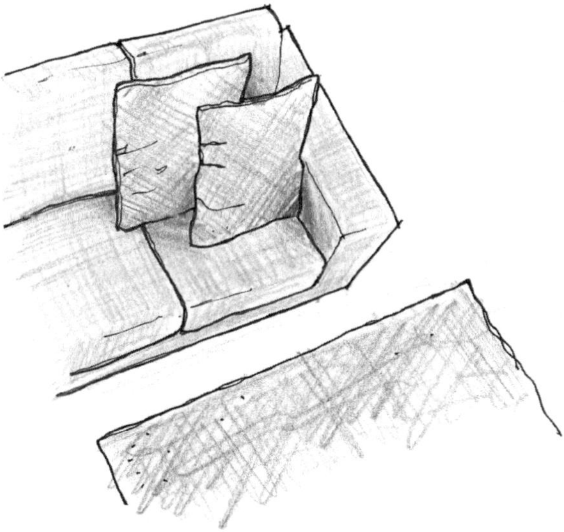

FIGURA 61 Cores frias numa composição.

Use, por exemplo, em ambientes quentes, pois tendem a **"esfriá-los visualmente"**.

A maioria dos verdes é considerada "neutra quanto à sua temperatura", não esquentando, esfriando, diminuindo ou aumentando visualmente peças e ambientes.

Mais uma vez como exemplo, os violetas podem estar no roxo das almofadas, nas flores de lavanda num vaso ou mesmo num violeta azulado de tecidos indianos nas cortinas.

Esquema de cores

No processo do projeto de decorar um ambiente, combinar cores pode parecer uma tarefa difícil. Mas, diariamente, utilizamos cores e definimos esquemas quando nos vestimos. Do mesmo modo, escolher as cores para um ambiente pode ser um processo fácil e inconsciente, até mesmo impulsivo, ou um processo consciente, em que sabemos qual a influência de cada cor, como as cores podem alterar as dimensões e sensações de um espaço, e optamos pela que mais se adapta a ele e às funções que nele serão desenvolvidas. Caso se escolha a última alternativa, estaremos optando pelo "design" do ambiente.

Seguir um esquema de cores pode ajudar a definir qual a melhor solução.

Defina uma cor, escolha o esquema que mais agradar e, a partir daí, determine as demais cores do projeto.

> Lembre-se: cada cor, em cada esquema, vai influenciar psicologicamente os usuários do ambiente. Para garantir o sucesso do projeto, quando optar por uma cor, verifique suas características e influências.

O esquema escolhido pode ser aplicado à decoração de modo harmônico ou de modo contrastante.

Harmônico: As cores do ambiente não competem entre si. Quando entramos no ambiente, ele é visto e sentido como um todo, ou seja, cada detalhe da composição é parte harmônica do conjunto.

Contrastante: Nesse tipo de opção, o foco da composição decorativa de todo o ambiente são as cores escolhidas. A primeira sensação que temos ao entrar no ambiente é de que as cores foram escolhidas e adotadas para se destacarem no projeto.

A Esquema acromático é aquele que não utiliza cor alguma, ou seja, é um esquema branco, preto e/ou em tons de cinza, pois essas cores não são consideradas "cores".

Caso a opção seja pelo branco, procure abusar de texturas e padronagens para adicionar movimento e interesse à solução. Espaços pequenos tendem a aumentar "visualmente" de tamanho quando esse esquema é aplicado. Para uma solução menos "fria", utilize, por exemplo, tecidos leves nas cortinas. Eles ajudam a criar uma atmosfera relaxante e suave.

Se a opção for por utilizar tons de cinza, procure compor utilizando tonalidades fortes e fracas, o que ajuda a criar movimento e dinamismo na composição final.

B Esquema neutro é um esquema que basicamente aplica cores existentes na natureza, como tons de areia, corda (crus), algodão, canela, terra, etc. Na maioria dos casos, cria uma atmosfera aconchegante, pois nos faz lembrar de coisas "da terra". Abuse de texturas e contrastes entre tons fortes e fracos para uma composição mais dinâmica.

C Esquema monocromático é, como o nome sugere, baseado na utilização de somente uma cor pura ou misturada com branco, preto ou cinza. Ao adicionar à cor básica cores que "não são consideradas cores" (veja esquema acromático), estaremos criando diferentes tons de uma mesma cor.

D Esquema análogo pode parecer um pouco mais complicado. Ele permite o uso de cores análogas e/ou seus diferentes tons. Por cores análogas, entendemos aquelas adjacentes no círculo cromático.

E Esquema complementar utiliza cores "complementares", ou seja, cores opostas no círculo cromático. Essas cores tenderão a se equilibrar, a se completar, pois têm características opostas e nos influenciam de modos distintos.

F **Esquema triádico** é um esquema que utiliza as três cores primárias (azul, vermelho e amarelo) em qualquer de suas tonalidades.

FIGURAS 62a, b, c, d, e, f Mesmo ambiente nas versões compositivas.

Dica:

Coloque, no ambiente estudado, amostras grandes das cores e tonalidades escolhidas para fazer parte do esquema de cores. Procure distanciá-las entre si. Antes de fazer a escolha final, analise como, durante o dia e à noite, a luz interfere em cada uma delas.

Influência psicológica das cores

Além de ajudar a alterar visualmente as características de um ambiente ou mesmo de uma peça de mobiliário, as cores influenciam nossa mente e, consequentemente, o modo como nos sentimos num ambiente em que predomina determinada cor.

Portanto, saber utilizar uma cor ou uma tonalidade pode ser bastante eficaz na tentativa de criar uma atmosfera ou de estimular nosso cérebro a determinado comportamento.

FIGURA 63 Amarelos.

Amarelos fazem referência ao Sol e à nossa infância. São otimistas, iluminam qualquer ambiente, estimulam nosso intelecto, nossa criatividade e ajudam nossa digestão.

Em excesso, poderá estimular demais as pessoas.

Utilize na copa, em salas de estudo, de leitura e em ambientes que se utilizam de manhã, pois essa cor tende a estimular o cérebro e gerar alegria.

Em tonalidades bem fracas, são cores interessantes para quartos infantis.

Boa opção para banheiros de pessoas que têm dificuldade de começar o dia.

Mostarda, ouro ou bronze podem ser utilizados para sofisticar um ambiente.

FIGURA 64 Laranjas.

Laranjas estão relacionados à nossa capacidade de socialização, estimulam nosso otimismo e ajudam a elevar nosso espírito. Cor da criatividade, da alegria e do humor, pode ser utilizada no combate à depressão.

São mais quentes que os amarelos (pois contêm vermelho). Portanto, podem ajudar na criação de uma atmosfera aconchegante.

Também estimulantes (pois contêm amarelo), são ideais para salas de visita, salas de jantar, copas ou mesmo cozinhas. Estimulam o apetite, portanto, use-os em tons e cores mais "naturais", como as encontradas em frutas e especiarias.

FIGURA 65 Vermelhos.

Vermelhos nos fazem lembrar de fogo, de calor, de sangue, de romance e, infelizmente, de agressividade. Podem acelerar a pulsação e ajudam a estimular o apetite e a "ação". Não é à toa que a maioria das lanchonetes *fast food* utiliza vermelho para nos estimular a "comer bastante e rápido".

Estimulam a racionalidade nas pessoas, tendendo a deixá-las mais objetivas e diretas nas conversas.

Se utilizado em excesso num ambiente pequeno, o vermelho forte pode irritar e causar sensação de claustrofobia.

É uma cor adaptada a pessoas mais extrovertidas. Pode estimular demasiadamente conversas e discussões. Portanto, use com cuidado em salas de reunião ou em livings.

A cor "vermelha" de maior vibração e positividade é o magenta. Pode estimular e induzir mudanças, pois traz em si a energia da transformação.

Em dormitórios, procure utilizar tons mais rosados ou acinzentados.

FIGURA 66 Violetas.

Violetas são cores "mágicas", que nos ajudam a sonhar. Estão relacionadas à terceira visão, ao ser "iluminado", a filósofos e visionários.

São sofisticadas, representam sensibilidade, estimulam a intuição e a espiritualidade.

Podem ser uma opção para ajudar a reduzir o estresse.

Boa sugestão para salas de estudo, de música e relaxamento. Evite utilizá-las em ambientes destinados a tarefas mais dinâmicas, como, por exemplo, uma cozinha.

Os tons fortes podem deprimir: utilize-os combinados com cores neutras ou tons fracos.

Em tons mais azulados, tendem a relaxar.

Em tons mais avermelhados, tendem a ser mais quentes e estimulantes.

Num tom pálido, de lavanda, ajudam a estimular a tranquilidade e a delicadeza. Podem ser de grande ajuda, por exemplo, num closet, pois estimulam nossa autoestima.

FIGURA 67 Azuis.

Azuis nos lembram o céu, o mar, a água e o espaço.

São cores relaxantes, frescas, tranquilizantes, pacíficas, que ajudam a acalmar. Podem desacelerar os batimentos cardíacos e diminuir a pressão sanguínea.

Tonalidades suaves podem ajudar a diminuir o estresse e a ansiedade.

Em tons fortes e escuros, podem estimular introspecção e, consequentemente, depressão.

Tonalidades claras são bem mais frescas, já as acinzentadas podem parecer "apagadas", sem vida e monótonas.

Podem ser utilizadas em ambientes quentes e sem muita ventilação, em dormitórios, banheiros e lavabos ou em ambientes utilizados por pessoas com dificuldade para relaxar.

Tons fortes e vibrantes – como a cor azul do céu de verão – são poderosos e transmitem paz.

Azul-turquesa, por exemplo, ajuda a aliviar o estresse e a tensão, podendo ser utilizado em salas de estudo juntamente com laranjas ou amarelos. São estimulantes e exóticos.

FIGURA 68 Verdes.

Verdes nos transportam à floresta, ao jardim, ao mato, ao campo, ao espaço aberto. São cores frescas, equilibradas, harmoniosas e relaxantes.

Podem ser utilizadas para ajudar a criar uma atmosfera calma e equilibrada em livings, quartos, cozinhas e banheiros.

É uma boa opção em ambientes onde são tomadas decisões, pois não favorecem discussões e, sim, uma relação equilibrada entre as pessoas.

Em excesso, no entanto, podem estimular apatia e indiferença nas pessoas.

Pintura

Lembre-se: pintar uma superfície pode ser um dos modos mais econômicos de transformar um ambiente.

Banheiros podem ser transformados completamente sem o alto custo da troca de azulejos, basta pintar os azulejos com tinta especial, criando qualquer composição ou detalhe.

Armários de fórmica podem ser pintados com tintas especiais, renovando de forma econômica e rápida os gabinetes da cozinha ou do banheiro.

Geladeiras e alguns eletrodomésticos também podem ser pintados, e a mudança de estilo pode ser quase imediata.

Para cada tipo de superfície, existe um tipo específico de tinta, que deve ser escolhido corretamente.

Antes de pintar qualquer ambiente da casa, é importante preparar as superfícies a fim de evitar problemas futuros. É importante conhecer ao menos as etapas desse processo, pois só assim o serviço poderá ser supervisionado e executado corretamente.

Dicas:

- Remover todos os elementos decorativos fixos. A nova decoração pode alterar não só a ordem, mas também os objetos pendurados nas paredes.
- Mantenha nas paredes pregos e parafusos que serão reutilizados. Evite pintar com prateleiras instaladas. Se possível, remova, pinte a parede e reinstale-as quando a tinta estiver seca. Assim, no futuro, se resolver retirar as prateleiras, só vai ser preciso recobrir os furos deixados, e não toda a área escondida.
- Limpe paredes bem como todas as superfícies que serão repintadas. É importante remover gordura, poeira, etc.
- Trate as infiltrações, procurando eliminá-las definitivamente, evitando aparecimento de bolhas, mofo e descascamento da pintura.
- Cuide para que os "fundos" sejam aplicados corretamente, conforme o tipo de superfície e a tinta que será utilizada.

Ao renovar um ambiente, procure seguir uma ordem coerente quanto à pintura das superfícies envolvidas:

1. As primeiras superfícies a serem pintadas, inclusive o acabamento, são os tetos, os forros e as molduras de gesso, pois costumam respingar pelo ambiente.
2. Paredes vêm depois. Lembre-se de, primeiro, pintar todos os cantos com um pincel grosso. Assim, o rolo pode ser utilizado posteriormente com mais liberdade e rapidez.
3. Batentes, portas e janelas só devem ser pintados depois das paredes acabadas, quando não mais serão "respingados" pelo rolo. Proteja as paredes com fita especial para essa função, evitando que a tinta do batente manche

a parede. Retire a fita assim que a tinta secar ou ela poderá grudar demais e danificar as paredes.

4 O rodapé, caso seja pintado, poderá ser retocado agora.

Dicas:

- Molduras pintadas da mesma cor do teto desaparecem, neutralizando bastante o forro, o que, na maioria das propostas, tem um resultado muito bom. Molduras contrastantes destacam e, em alguns casos, podem "acrescentar muita informação" ao teto.
- Tetos da mesma cor das paredes neutralizam ainda mais o "pano de fundo" da composição, podendo criar um ambiente bem interessante.
- Como a superfície do teto recebe bem menos luz que a das paredes, utilize a tonalidade do teto "bem mais clara" que a das paredes. No final, elas parecerão exatamente a mesma.
- Lembre-se de que, pintado na mesma cor das paredes, o rodapé desaparece. Caso seja utilizada uma outra cor, ele estará em destaque.
- Rodapés da mesma cor do piso tendem a aumentar visualmente a área do piso e diminuir a altura das paredes (onde puderem ser vistos).

São inúmeras as opções de tinta existentes no mercado. Sempre surgem novos lançamentos, como tinta para pintar o teto que muda de cor ao secar, assim não se esquece de aplicá-la em nenhuma parte da superfície. Tintas especiais, que permitem a utilização de ímãs nas paredes de quartos infantis, ou mesmo de escritórios, também podem ser encontradas.

Banheiros e cozinhas podem ser pintados com tintas especiais, que aceitam melhor o vapor d'água, evitando o mofo.

Lembre-se: portanto, antes de escolher determinada tinta, vale a pena pesquisar as novas opções existentes no mercado. A internet pode poupar tempo, sendo uma boa escolha para essa pesquisa, que também pode ser feita em grandes lojas de materiais de construção ou em fornecedores de tinta e materiais para pintura.

Os *sites* http://www.coral.com.br, http://www.sherwinwilliams.com.br e http://www.suvinil.com.br são excelentes ferramentas de consulta para as diferentes opções de tinta, preparação, etc.

Dicas:

- Lembre-se de que, quanto mais **brilhante** for a tinta aplicada sobre uma superfície, mais serão reveladas as imperfeições dessa superfície, pois o brilho reflete bem mais a luz.
- Procure optar por tintas **opacas** em forros ou tetos e, principalmente, em paredes imperfeitas.
- Tintas com acabamento **acetinado** mancham menos com o passar do tempo. São, portanto, a melhor opção, por exemplo, para quartos infantis, halls e corredores.
- Um acabamento diferenciado pode ser um modo de esconder imperfeições numa parede ao mesmo tempo que pode criar um ponto de destaque. Nesse caso, podem ser utilizados acabamentos com textura ou uma pintura com efeito especial (esponja, estêncil, marmorização, etc.).

Lembre-se: a maioria dos produtos de limpeza, quando aplicados nas paredes, pode manchá-las. Teste o produto antes de aplicá-lo, por exemplo, numa área escondida atrás de um móvel ou numa parte perto do piso.

Para áreas de grande tráfego, escolha uma tinta de boa qualidade, resistente e de fácil manutenção.

Equilíbrio no ambiente

Sentir-se bem e confortável num ambiente tem muito a ver com o equilíbrio nele existente. Necessitamos de equilíbrio nos objetos, móveis e espaços que nos rodeiam e buscamos esse equilíbrio de forma consciente ou mesmo inconsciente. Quando passamos por uma mesa e rearranjamos a coleção de caixinhas sobre ela, ou quando acertamos a posição de uma mesa de centro ou de uma cadeira, estamos tentando "corrigir" o desequilíbrio da composição a que pertencem.

Dependendo do tipo de equilíbrio escolhido para uma composição, podemos interferir no comportamento de pessoas, enfatizar uma peça de mobiliário ou mesmo "camuflar" (numa composição) uma peça ou um detalhe que não agrade muito.

- **Equilíbrio simétrico.**

  Quando utilizado na distribuição de móveis, tende a criar uma solução mais formal. Na composição de quadros ou arranjos, atrai a atenção para a peça central da composição. Portanto, se não gostamos de determinado sofá, devemos evitar uma composição utilizando esse tipo de equilíbrio.

- **Equilíbrio assimétrico.**

  É bastante recomendado para soluções mais informais, em que o mais importante é a composição "como um todo" e não a ênfase em determinado elemento.

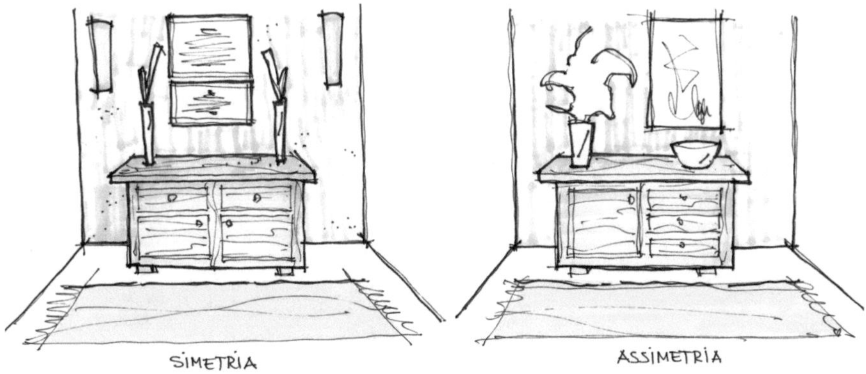

FIGURA 69 Numa composição com simetria, olhamos para o ponto central. Nas composições assimétricas, tendemos a ver o "todo", sem destaque para peças individuais da composição.

4
Em qualquer ambiente

r ambiente

Algumas peças de mobiliário, acessórios e complementos são comuns a vários ambientes. Portanto, neste capítulo, falarei sobre eles individualmente e de modo mais detalhado. Entretanto, as informações contidas no capítulo inicial são complementares às informações a seguir.

Mobiliário

As peças escolhidas para determinado ambiente devem ser proporcionais a ele, ou seja, locais amplos e grandes ficam bem se decorados com peças maiores, já espaços pequenos devem portar peças mais discretas e menores. Um dormitório pequeno, por exemplo, com uma cama *king size* pode se tornar claustrofóbico e congestionado.

Ao posicionar as peças no ambiente, procure distribuí-las de forma equilibrada e harmônica.

Algumas peças podem ficar diariamente num determinado ambiente mas ter função também em outros lugares, como, por exemplo, uma cadeira no dormitório, que pode ser utilizada na mesa de jantar quando a família toda se reúne ou, ainda, na sala de tevê quando amigos se reúnem para assistir a um filme.

Lembre-se: quanto mais flexíveis forem as peças, maior será a possibilidade de utilizá-las em diferentes situações, o que as torna muito mais úteis.

Sofás, sofás-cama e poltronas devem ser confortáveis e adaptados à função. Uma peça para deitar e assistir à tevê pode ser bem diferente – em forma, tamanho, material e textura – de uma para conversação, por exemplo.

Verifique se é fácil sentar e levantar, principalmente quando o móvel se destina a pessoas de mais idade ou com problemas motores. Sofás e poltronas mais baixos que o normal (45 cm de altura do piso) devem ter estrutura mais rígida e braços firmes, pois requerem maior esforço nos joelhos e nas pernas de quem os utiliza.

O material de revestimento também deve ser analisado com cuidado. Os de couro, por exemplo, embora de fácil manutenção, podem ser incômodos no verão ou, até mesmo, em sofás onde pessoas deitam com bastante frequência.

Sofás com capa podem ser uma solução interessante, pois sua manutenção é relativamente fácil.

Sofás-cama ou poltronas-cama são boas opções como cama extra em ambientes de dupla função ou mesmo em quartos de crianças ou adolescentes.

Na hora de escolher qual comprar, verifique como ele abre/fecha e suas medidas quando fechado e aberto.

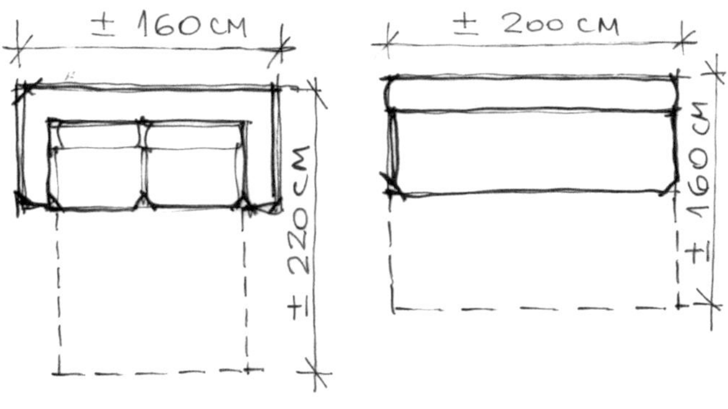

FIGURA 70 Algumas medidas de sofás-cama e diferentes modos de abrir.

Dicas:

- Sofás de assento e encosto fixos tendem a ser visualmente mais formais e "estáticos".
- Já aqueles com capas ou assento e encosto soltos são mais "aconchegantes" e informais.
- Sofás de dois lugares são práticos e ideais para espaços pequenos. Os de três lugares devem ser utilizados em ambientes mais amplos.
- Módulos são versáteis e propiciam diferentes combinações e arranjos.
- Componha um ambiente com dois ou mais sofás, sofá e poltronas, sofá e cadeiras ou sofá, poltronas e cadeiras.
- Escolha a cor e o tecido pensando na utilização diária das peças.
- Em uma casa com gatos ou cachorros, cores escuras são menos indicadas do que as claras.
- Garanta que o sofá suporte bem as costas e que, ao sentar, os pés estejam bem apoiados no chão.

Cadeiras são peças importantes e devem ser cômodas. Podem ter assento de madeira, fibra, vinil, almofadada, etc.

Escolha entre modelos com ou sem braço.

Meça a distância interna entre as pernas da mesa de jantar antes de comprar cadeiras novas. Certifique-se de que haverá espaço suficiente para movimentá-las sem problemas. O tamanho dos assentos pode variar de 45 cm a 54 cm de largura, o que faz uma diferença enorme.

Certifique-se de que a cadeira é confortável e dá bom suporte às costas.

Dicas:

- Uma mesa contemporânea com cadeiras antigas ou vice-versa pode originar uma composição bastante criativa, dinâmica e interessante, além de bastante pessoal.
- Use, por exemplo, cadeiras sem braço na extensão da mesa de jantar e cadeiras com braço nas cabeceiras.
- Cadeiras com braços fazem maior "presença" quando colocadas ao lado de peças como um aparador ou mesmo em composição na sala de visitas/living.

- Procure não sobrepor "informação", evitando utilizar um lustre pendente de forte impacto visual sobre uma mesa também de forte "presença". Optar por um ou outro sempre produz um resultado compositivo mais interessante.

Mesas de centro/mesas laterais podem ser de um mesmo modelo ou totalmente diferentes, dependendo de seu estilo. Também depende da composição do ambiente optar por um modelo retangular, quadrado, circular ou oval. Evite mesas de centro muito baixas (menos de 40 cm de altura), pois podem ser bastante incômodas. A distância do sofá às mesas deve ser mantida sob controle para que não seja incômodo utilizá-las.

Dicas:

- Mesas de vidro ampliam espaços pequenos.
- Procure não transformar as mesas em "depósito" de objetos.
- Cantos arredondados são mais seguros para residências com crianças ou com pessoas idosas.
- Se quiser criar uma atmosfera mais "dramática" e sofisticada, utilize spots direcionados para as mesas de centro/laterais. Refletores dicroicos farão brilhar o vaso com flores sobre a mesa ou a coleção de cristais.
- Mesas laterais são muito necessárias e úteis. Mantenha sempre uma "à mão" nas diferentes composições, como, por exemplo, num canto para leitura.
- Mesas podem ser mais funcionais com gavetas do que sem elas, pois oferecem opção para armazenagem de objetos.
- Mesas laterais são uma boa opção para expor coleções, como, por exemplo, de porta-retratos.

Numa residência, o **pufe** é uma peça versátil. Pode ser utilizado como assento extra, suporte para os pés, porta-trecos ou mesmo como mesa de suporte.

É um bom "esconderijo", por exemplo, para guardar materiais de limpeza numa sala de tevê ou num lavabo, pois, numa emergência, o material já está à mão. Um miniaspirador será útil para recolher aquelas migalhas e sujeiras comuns após uma sessão de vídeo.

Dicas:

- Escolha o tamanho do pufe conforme a função e o tamanho do ambiente.
- Pode ser utilizado como uma peça decorativa "a mais". Componha com revestimentos de fibras naturais, capa, couro, revestido por um tapete kilim, etc.
- Em banheiros e closets, podem ser bastante úteis como apoio ou assento extra.

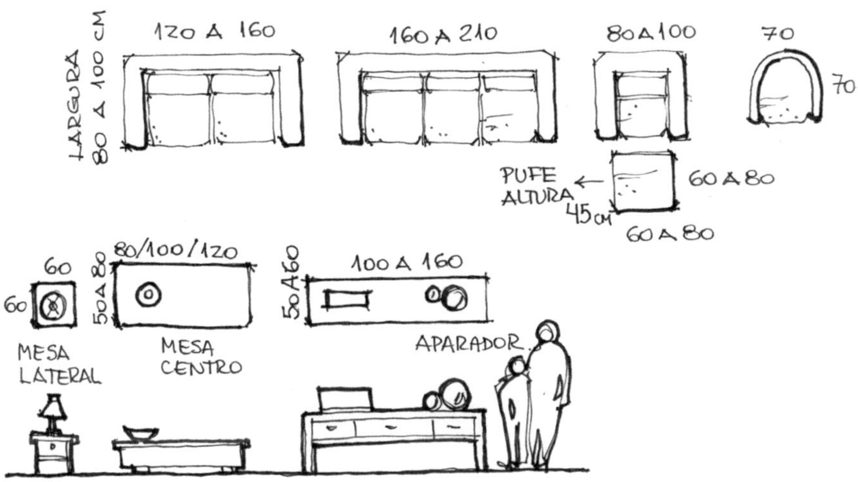

FIGURA 71 Algumas dimensões (em cm) de sofás, poltronas, pufe, mesas e aparadores.

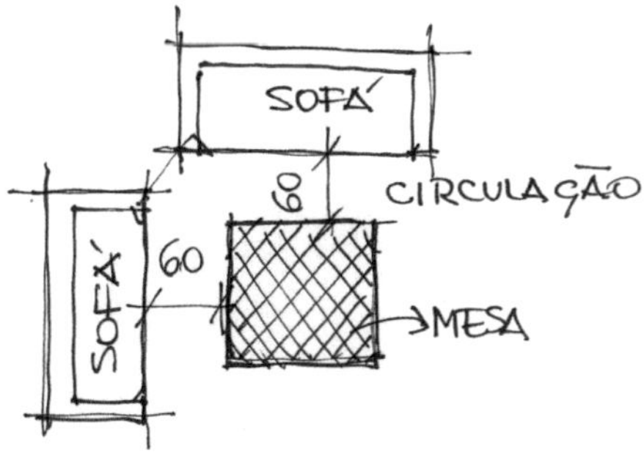

FIGURA 72 Como medir (em cm) a distância entre os sofás e a mesa de centro para garantir boa circulação.

Aparadores são peças bastante úteis e versáteis. Podem ser colocados em qualquer ambiente, contra a parede ou como elemento divisório.

Sua altura pode variar, mas, na maioria dos casos, segue a altura normal de uma mesa, ou seja, de 75 cm a 77 cm.

Podem ter diferentes profundidades, dependendo da utilização a que se destinam. Peças únicas, antigas ou modernas, podem ficar bem interessantes nessa função. Em alguns casos, obtém-se a melhor solução com peças sob medida e que ajudem na circulação no ambiente.

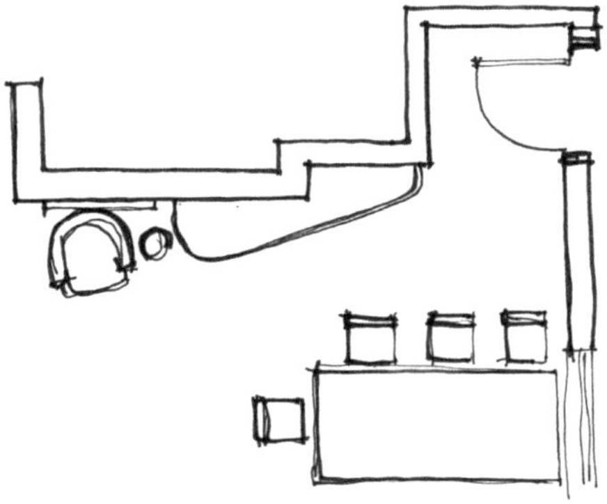

FIGURA 73 Exemplo de aparador desenhado especificamente para o projeto.

Camas podem ter dimensões e formatos variados. Pesquisando as dimensões de colchões brasileiros, norte-americanos e ingleses, encontrei discrepâncias entre as informações. A tabela abaixo mostra a média das medidas-padrão em centímetros.

	Brasil	**Estados Unidos**	**Inglaterra**
Solteiro (*twin*)	88 x 188	99 x 191	90 x 190
Viúva	128 x 188		
Casal (*double*)	138 x 188		135 x 190
Queen	158 x 193	152 x 203	150 x 200
King	193 x 203	193 x 203	183 x 200

Verifique, portanto, que cama está comprando e qual o colchão que mais se adapta a ela.

Podem ter, ou não, guardas no pés e na cabeceira, reguláveis ou fixas, com ou sem espaço para estocagem.

Dicas:

- As camas do tipo divã são bastante simples (sem guardas) e pouco interferem na composição, deixando a ênfase para outros detalhes da decoração do ambiente.
- O *futon* é um colchão oriental que pode ser dobrado e transformado em sofá. Use-o como cama auxiliar, de preferência em períodos curtos, pois muitas pessoas não acham confortável tal solução.
- Tipos mais firmes de colchão tendem a ser mais confortáveis que os muito macios.

Também o **criado-mudo** é uma peça que pode variar bastante. Analise o que deve conter e se, para isso, é melhor com gavetas e/ou com prateleiras.

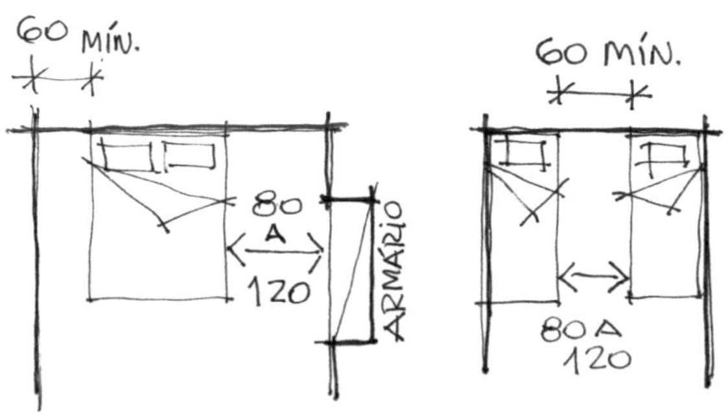

FIGURA 74 Circulação ideal (em cm).

Dicas:

- Para uma composição mais formal, utilize peças iguais ao lado das camas.
- Pode-se criar uma solução mais informal utilizando, de modo inusitado, peças diferentes que se adaptem às necessidades de seus usuários.

O uso das **cômodas** era mais frequente no passado, mas elas continuam tendo grande utilidade nos dias de hoje. São peças decorativas excelentes, além de práticas e versáteis. Dentro de um closet, por exemplo, ou mesmo nos dormitórios, podem ser um auxílio precioso na organização do espaço.

Dicas:

- Cômodas podem ser excelente local para guardar bijuterias e joias.
- Guardar maquiagem e cremes nessa peça de mobiliário pode, por exemplo, "aliviar" a bancada da pia em banheiros congestionados.

Prateleiras podem ser criadas de diferentes modos. De um simples pedaço de madeira com duas mãos francesas aos móveis feitos sob medida, a possibilidade de escolha será bastante ampla.

Analise o ambiente e a função das prateleiras. Tenha certeza da quantidade de metros lineares necessários e da flexibilidade que a solução deve ter.

FIGURA 75 Alguns modelos de prateleira.

Dicas:

- Prateleiras reguláveis podem ser mais úteis que as fixas no curto e no longo prazo. Regular os vãos para diferentes alturas de objetos ajuda a otimizar o espaço para estocagem.
- Procure colocar os itens mais pesados nas prateleiras mais baixas.
- Prateleiras fundas costumam requerer iluminação extra para facilitar o acesso aos objetos.
- Evite que as prateleiras façam a casa parecer uma loja. Componha com criatividade e atenção.
- Com portas, podem ser úteis tanto para evitar o acúmulo de pó quanto para esconder alguma bagunça.
- Nas prateleiras individuais, use um sistema de fixação "escondido" para uma decoração mais minimalista e "limpa" e mãos-francesas decorativas para uma versão mais aconchegante ou romântica.
- Cubos modulares podem ser uma solução bastante flexível, informal e dinâmica.
- Procure estocar objetos que quebrem em prateleiras altas, fora do alcance de crianças.

Gavetas de diferentes alturas e tamanhos, instaladas em peças de mobiliário ou em módulos independentes, com ou sem rodízios, podem fazer parte da decoração. Um bom planejamento antes de organizar os espaços será útil para identificar as melhores dimensões para as diferentes estocagens.

Dicas:

- Gavetas rasas podem ser utilizadas para papéis, pequenos objetos, bijuteria, roupa íntima, gravatas, cintos, chaves, etc.
- Quanto mais funda for a gaveta, melhor para estocar peças volumosas, como, por exemplo, malhas de lã, abrigos ou arquivos. Evite empilhar muitas roupas (isso as amassa) ou muitos papéis, pois a gaveta pode ficar pesada demais e os papéis podem "desaparecer" na pilha.
- Procure prever gavetas que necessitam de ferragens especiais, como aquelas destinadas a pastas suspensas, panelas ou eletrodomésticos.

- Para otimizar o espaço de gavetas grandes, compre divisórias ou faça separações.
- Procure pendurar o que for possível (e que ajude na decoração): chaves, canecas, xícaras, fotos, pega-panela, facas, etc. À vista, serão mais fáceis de encontrar.

Lembre-se: um móvel que tenha prateleiras abertas e fechadas, bem como gavetas, pode ser bem mais útil que um que permita somente um tipo de estocagem. Flexibilidade e variedade de opções são fundamentais na hora de organizar objetos e pertences.

FIGURA 76 Exemplo de móvel com diversas opções para estocagem.

Complementos e objetos

Espelhos com ou sem moldura podem ser utilizados para clarear um ambiente com pouca luz natural ou artificial. Também são ideais para ampliar ambientes pequenos ou alargar corredores estreitos.

Em pequenas peças, podem retalhar a imagem, sendo mais recomendados em peças maiores.

Coleções de fotos, cristais, moedas, bonecas, lembranças de viagem, etc., quando agrupadas segundo o assunto, ajudam a organizar a casa, além de criar diferentes centros de interesse. Utilizar, por exemplo, prateleiras de vidro com iluminação de efeito para criar uma luminária no quarto ao mesmo tempo que organiza e personaliza uma coleção de frascos antigos de perfume.

FIGURA 77 Display fechado para garrafas de perfume antigas e aberto para bichos de pelúcia.

Quadros devem, de preferência, ser separados e dispostos em diferentes paredes segundo diferentes técnicas. Procure, por exemplo, agrupar originais como aquarela, pastel, etc. na mesma parede. Essa separação tem seu fundamento na valorização dos exemplares. Ou seja, uma tela a óleo poderá ter seu valor visual diminuído se colocada ao lado de uma cópia, um pôster ou mesmo de uma aquarela.

Valorize um quadro iluminando-o com um spot específico para ele.

Procure utilizar lâmpadas e refletores que não enviem na direção do quadro todo o calor gerado pela lâmpada, o que poderá danificar um original. Uma boa opção são as lâmpadas halógenas (que refletem bem as cores) com refletores dicroicos.

- A **moldura** é sempre uma escolha muito pessoal. Não precisa estar coordenada com as cores da casa nem mesmo com a cor ou a tonalidade predominante no quadro. Contraste entre originais modernos e molduras clássicas podem valorizar uma peça. Telas a óleo com motivo abstrato raramente requerem moldura.
- **Quanto à composição apresentada**, podem estar dispostos em peças únicas ou em grupos.

Dicas:

- Em molduras grandes, procure utilizar vidro antirreflexo.
- Misturar espelhos com quadros pode criar uma opção bastante diferente e criativa.

Fotos podem ser penduradas ou guardadas em gavetas, prateleiras, caixas, arquivos, cestas, CDs, etc.

Mesmo quando penduradas, podem ser organizadas por assunto (viagem, casamento, aniversário, etc.).

Quando emoldurá-las, evite colocar o vidro em contato direto com a foto, pois ele pode colar na foto e estragá-la.

Fotos em preto-e-branco de uma viagem podem ser uma excelente composição na parede de um escritório, corredor, hall, etc.

Já as fotos da família ficam melhores penduradas no corredor interno, nos dormitórios e em outros ambientes mais privados.

Composições com diferentes porta-retratos com fotos da família podem criar um centro de interesse bem marcante na sala de tevê, nos dormitórios, nos corredores, etc.

Dicas:

- Procure arquivar as fotos de modo que fique fácil encontrar futuramente a que procura. Exponha uma foto ou coloque etiqueta externamente ao contentor (caixa, álbum, gaveta, etc.) para lembrar do assunto das fotos ali guardadas.
- Para fotos arquivadas em CDs, imprimir uma delas na capa do CD ajuda a identificá-lo mais facilmente.

FIGURA 78 Exemplo de alinhamento de quadros ou fotos num ambiente.

Livros podem estar concentrados em bibliotecas ou escritórios, embora seja melhor organizá-los em grupos por diferentes ambientes, segundo a necessidade.

Livros ficam bem mais acessíveis junto à poltrona de leitura. Os livros de arte podem, por exemplo, estar no living, os livros de música, junto aos instrumentos, enquanto os de culinária, na cozinha ou na despensa e assim por diante.

Calcule quantos "metros lineares" são necessários e, então, defina o número de prateleiras para cada ambiente.

- **Em estantes**, é mais fácil organizá-los por assunto e, depois, por autor, ordem alfabética ou ainda por tamanho. Podem estar um ao lado do outro, como numa biblioteca, ou mesclados com enfeites e objetos decorativos, numa solução mais leve.

Dicas:

- Quanto mais fácil for identificar a forma de classificação nas estantes, mais fácil será colocá-los de volta no mesmo local.
- Procure manter livros pesados nas prateleiras mais baixas.
- É mais fácil acessar livros guardados em fila única e não um na frente do outro.

FIGURA 79 Exemplos de composição de estante.

- **Sobre uma mesa** podem estar dispostos informalmente em pilhas e divididos por assunto. Essa pode ser uma boa opção para o living, o dormitório, a sala de tevê, etc.
- **Cestos** podem guardar livros de leitura junto ao sofá ou à poltrona, ajudando a criar um clima bem aconchegante.

CDs e DVDs são mais fáceis de encontrar quando organizados primeiramente por ritmo/estilo/assunto e depois por ordem alfabética. Podem estar separados em prateleiras com ou sem porta, gavetas, arquivos, fichários, caixas ou mesmo cestos.

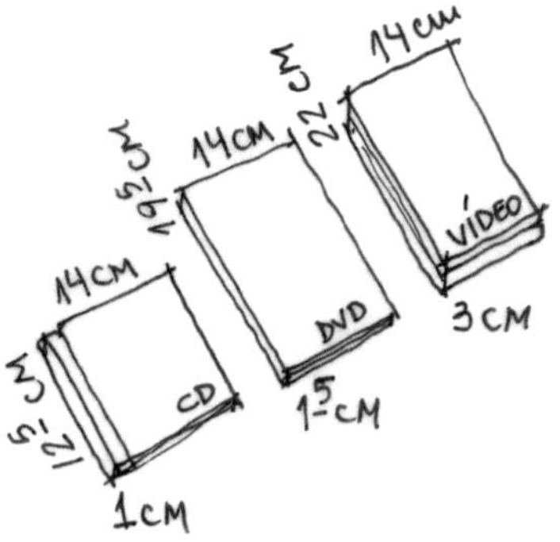

FIGURA 80 Dimensões.

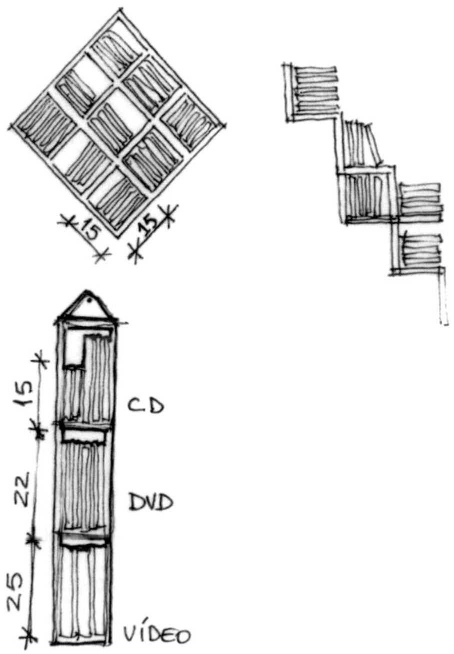

FIGURA 81 Desenho de dimensões e arranjos para guardar CDs, DVDs e fitas de vídeo.

Brinquedos também devem ser separados e organizados para facilitar ao máximo encontrá-los e, principalmente, guardá-los no lugar original. Separá-los por categorias pode ser um começo. Utilizar diferentes formas ou cores para os contentores pode facilitar sua identificação, além de estimular a memória.

- **Contentores transparentes** podem ser uma boa solução, pois permitem identificar o que está guardado em cada um deles. São encontrados com ou sem rodízios e de dimensões adequadas para serem estocados embaixo de camas ou empilhados.
- **Displays plásticos/tecido para maquiagem, sapatos, bijuterias, etc.** são excelentes organizadores de material de desenho, artesanato ou diversas outras atividades manuais. Pendurados nas paredes ou nas portas, podem ajudar a criar a atmosfera do quarto.
- O **tradicional baú** pode ser encontrado em diversas opções de acabamento. A versão pufe esconde e gera mais opções de assento, enquanto a versão tradicional pode servir como apoio para cobertas, almofadas, etc.

Tapetes

A escolha do tapete ideal pode ser divertida, mas deve ser feita ao final do projeto de distribuição de mobiliário, pois só então será possível analisar as características fundamentais que o tapete deve ter.

O **tamanho** está diretamente relacionado ao local em que será colocado e ao mobiliário que vai interagir com ele.

Como **peça única** e complemento numa determinada composição, deve estar preferencialmente centralizado à peça principal de mobiliário/acessório ou a uma composição de móveis.

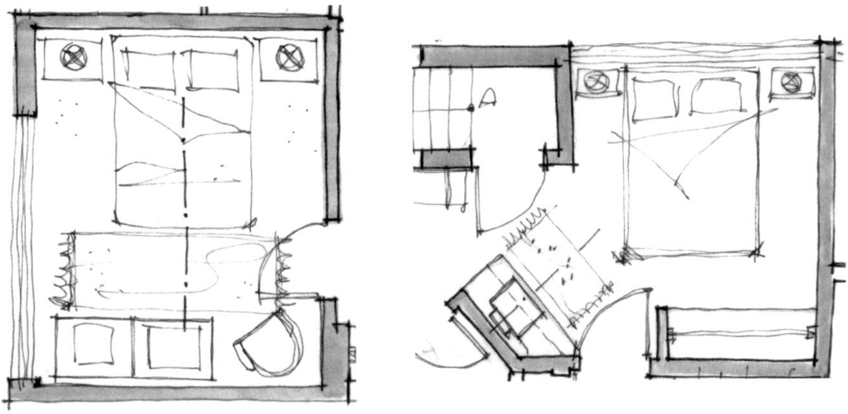

FIGURA 82 Planta mostrando alinhamento de tapetes em dormitórios.

Pode servir também como direcionador de trajeto. Nesse caso, procure "alinhá-lo" a uma referência.

O melhor posicionamento, agregando os móveis, é o que fica parcial ou totalmente circundado por mobiliário.

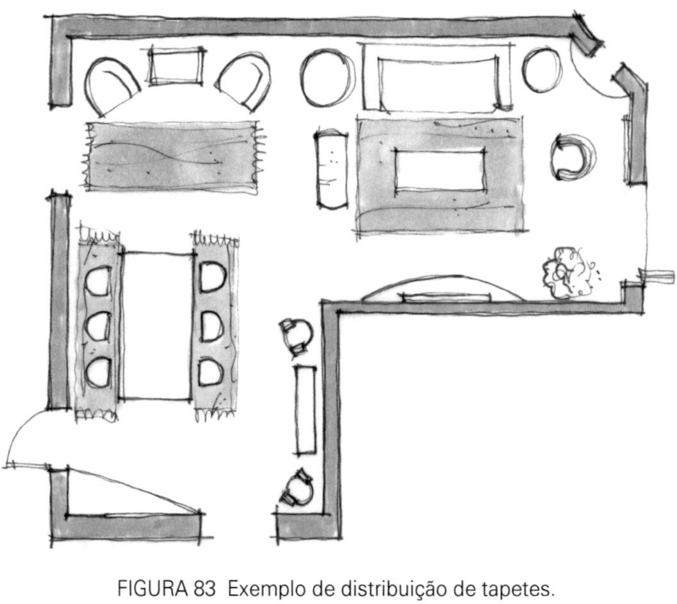

FIGURA 83 Exemplo de distribuição de tapetes.

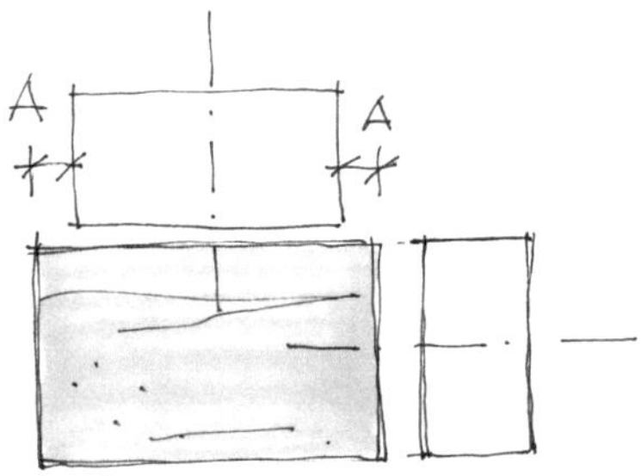

FIGURA 84 Medida ideal para tapete: passando nas laterais, deixar a mesma medida de ambos os lados ou acompanhar o tamanho da peça de mobiliário com a qual se relaciona.

A **forma** do tapete já está relacionada à atmosfera desejada. Caso o objetivo seja uma atmosfera mais informal, criar **contraste** entre a forma do tapete e os móveis ligados diretamente a ele pode ser uma opção.

Soluções mais "comportadas" e formais requerem, de preferência, **coordenação** entre as formas.

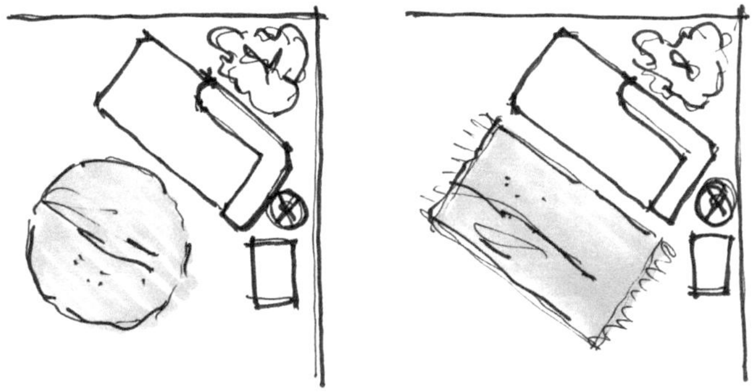

FIGURA 85 Opções "bem comportadas" de tapete.

Para a composição final, também são fundamentais a cor e a **padronagem/estampa** dos tapetes.

Com estofados estampados, uma padronagem bem mais simples – lisa, de cor única – compõe melhor o ambiente.

Já estampados com poucas cores (de preferência neutras) e quase sem estampa poderão fazer uma composição mais interessante com tapetes estampados e de cores fortes.

Numa composição mais minimalista, a melhor opção para os provavelmente poucos tapetes existentes é a de cor neutra, sem padronagem.

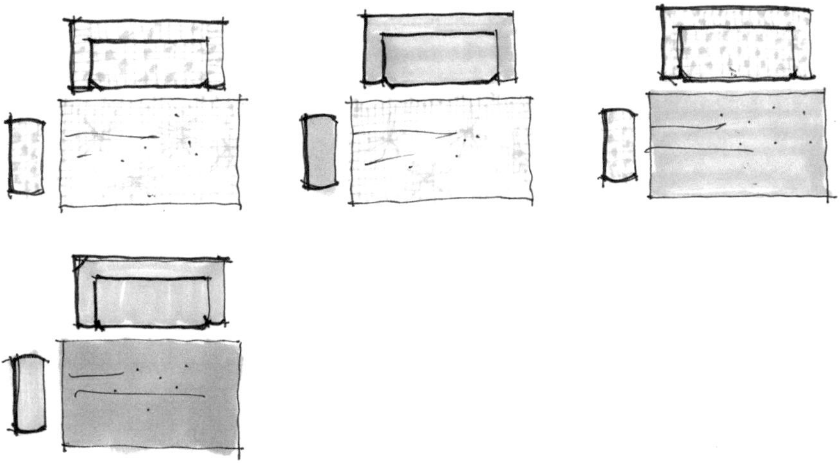

FIGURA 86 Exemplos de composição com tapete.

Depende principalmente da função do tapete o **material** ideal para ele, ou seja: por que colocar um tapete no local?

A diversidade dos tapetes é muito grande e, a cada ano, novas soluções decorativas invadem o mercado. Lã, sintéticos, corda, sisal, couro, pelo, etc. - os materiais são inúmeros e agradam os diferentes gostos.

Caso a razão seja tornar o ambiente mais **aconchegante**, um tapete com textura e espessura mais evidentes é mais adequado que um de espessura fina e textura rasa.

Se o problema no ambiente for a **acústica**, opte por tapetes espessos e grandes. Quanto maior sua espessura e seu tamanho, melhor sua capacidade de absorver o som do ambiente.

Para **orientar a circulação** num ambiente grande, procure optar por tapetes estampados, peças únicas, pois certamente estarão em evidência. Também é mais indicado que sejam de baixa espessura, pois evitam tropeços e facilitam a circulação sobre as peças.

Para **delimitar** ambientes, convém optar por tapetes de fácil manutenção, pois o local é mais sujeito a "acidentes".

Caso a função do tapete seja totalmente **decorativa**, o material em questão deve ser aquele que mais ajudar a compor a decoração do ambiente.

Nos tapetes de dormitórios e em ambientes onde as pessoas circulam descalças, lembre-se de considerar sempre o "**tato**", ou seja, a sensação que o tapete causa num pé descalço.

Sob os tapetes dispostos sobre cerâmicas, madeira, mármores, granitos e qualquer outra superfície lisa, sempre utilize adesivos **antiderrapantes**.

> Procure não carregar o tapete com muita "informação", ou seja, forma diferente, cor contrastante, padronagem forte e textura. Tudo ao mesmo tempo pode significar "dinheiro jogado fora", pois uma característica costuma interferir na outra, criando uma peça em conflito com o ambiente.

Cortinas e persianas

O principal determinante do tipo de material a ser utilizado numa cortina/persiana deve ser a função que ela terá. Após essa primeira definição, decidem-se o estilo e a atmosfera, pois seu papel é importante na decoração de um ambiente.

Antes de escolher um tipo de cortina/persiana, analise:

- **Função** – Escurecer, proteger do sol, dar privacidade, ajudar na acústica do ambiente ou como simples elemento decorativo. Só assim é possível definir o tipo de tecido ou material a ser utilizado.

- **Uso do ambiente** – Idades, alergias e necessidades básicas dos moradores que utilizarão o ambiente. Ajuda a definir a quantidade e o tipo de tecido e/ou material utilizado.
- **Tipo e forma** da referida abertura. O modo de abrir determina os modelos compatíveis e mais fáceis de manusear.

Pesquise:

- Materiais e tecidos existentes no mercado. É importante saber as características de cada tecido, de cada material, as variações de cores e padronagens, bem como a manutenção requerida para cada opção.
- Suportes e tipos de fixação que podem ser utilizados. Novas soluções tecnológicas possibilitam novas soluções de design.

> Lembre-se: pesquisar é fundamental no processo de organização e decoração de um ambiente. Quando não acrescentamos nada de novo ao nosso repertório, criamos soluções repetidas e conhecidas.
>
> É impossível criar soluções novas e criativas sem ampliar nosso horizonte de informação.

Cortina *versus* persiana

Tendo em mente que cortinas e persianas sempre dependem do tipo e do material escolhido, bem como do fornecedor, é bom analisar alguns dos prós e contras de cada tipo antes de optar por um deles, fazendo um pequeno paralelo entre as diferentes opções que há em cada categoria.

Cortinas

São instaladas em trilhos, varões ou ganchos, dependendo da composição que se deseja criar.

Costumam custar mais do que as persianas simples.

Permitem, em sua maioria, aberturas que são sempre horizontais, salvo, por exemplo, o modelo austríaco.

Têm pouca flexibilidade quanto ao controle da luz e da ventilação que entram no ambiente. Na maioria dos casos, tal controle é feito escolhendo diferentes tipos de tecido para compor uma mesma cortina.

Possibilitam a criação de quase todos os tipos de atmosferas e estilos.

Não são recomendadas para um solução minimalista, pois "ocupam espaço" visual na composição.

Não são muito apropriadas para janelas inclinadas ou em arco.

Dependendo do material escolhido, permitem reter calor no ambiente durante o inverno, podendo bloquear muito bem a perda que ocorre através das superfícies de vidro.

Podem vedar totalmente a entrada de luz (*blackout*) e ser confeccionadas com diferentes modelos com (ou sem) pregas e franzidos de diferentes tipos.

Persianas

As verticais usam trilho, e as demais já vêm com um "pequeno bandô" onde se esconde o mecanismo de funcionamento.

A maioria das opções é mais barata que as cortinas tradicionais, embora algumas cheguem a custar tanto quanto uma cortina, ou até mais.

Salvo, por exemplo, as verticais, as de rolo e as romanas, a maioria das persianas movimenta-se horizontalmente.

Permitem o controle da entrada de luz e da ventilação no ambiente.

São visualmente mais "frias", sendo um pouco mais complicado criar uma atmosfera aconchegante, romântica e intimista quando no ambiente em questão existem muitas janelas, grandes, com persianas.

São ideais para uma solução minimalista, pois o espaço visual que "ocupam" na composição é pequeno.

Ótima solução para janelas em ângulo e em arco.

Dificilmente retêm calor no ambiente, pois são mais finas e permitem a passagem do calor por ela (consequentemente, pelos vidros das janelas).

Sempre deixam passar um pouco de claridade, exceto o modelo *blackout* em rolo.

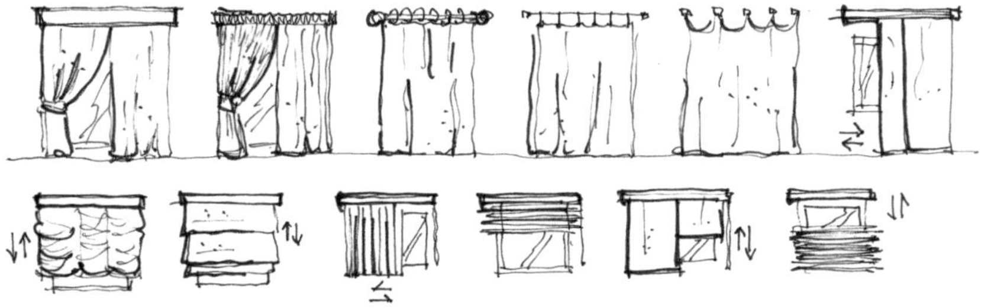

FIGURA 87 Alguns modelos de cortina e de persiana.

Dicas:

- Tecidos com listras ou cortinas/persianas longas e estreitas, que acentuam a verticalidade, são ideais para ambientes com pé-direito baixo.
- Às vezes, é melhor unir várias janelas pequenas numa mesma cortina/persiana, evitando um efeito visual "retalhado".
- Tecidos ou materiais que tenham a mesma cor das paredes, ou uma bem próxima à dela, ajudam a neutralizar a influência da cortina/persiana na composição.
- Foi criado o primeiro tecido aderente (sem uso de fita adesiva) a superfícies não porosas, como vidro, metal ou materiais sintéticos. Pode ser retirado e recolocado várias vezes sem deixar resíduos ou perder seu poder adesivo. Pode ser lavado à máquina e apresenta diversas cores e tramas (que possibilitam diferentes soluções decorativas e de efeito luminoso). Ver http://www.creationbaumann.com.
- Tecidos de padronagens grandes ficam melhor em cortinas grandes, os de padronagens pequenas, em cortinas também pequenas.
- Ambientes com janelas voltadas para ruas barulhentas provavelmente necessitarão de cortinas pesadas. Em alguns casos, só elas não são suficientes para bloquear o som, e os ambientes podem requerer janelas antirruído (com vidro duplo).

Quando as janelas ou portas abrirem para dentro do ambiente, procure deixar pelo menos 50 cm de cada lado delas, permitindo espaço para abrir totalmente a cortina e liberar a janela/porta. No caso de persianas verticais, o espaço poderá ser menor.

Lembre-se: é sempre bom que uma pessoa qualificada determine a quantidade de material a ser comprado.

Como referência de controle, para uma cortina sem pregas, calcule basicamente uma altura de tecido para cada 60 cm a 80 cm de largura da janela e, para cortinas pregueadas, uma altura de tecido para cada 50 cm a 60 cm de janela. Alguns profissionais calculam 50 cm para cada altura no "mínimo". Em uma cortina bem leve, quase sem pregas, cada largura do tecido poderá ser equivalente à largura da janela a ser coberta por ela. Tudo depende de quão "rica" deve ser a cortina escolhida.

Não se esqueça de que, para cada altura de tecido, deve-se também considerar mais 10 cm a 15 cm para a parte superior (dependendo do modelo, é lógico) e 40 cm para a barra dupla ou 20 cm para um tecido que não vá encolher. Algumas pessoas preferem lavar o tecido antes de confeccionar a cortina, evitando que possíveis marcas fiquem no tecido quando lavado posteriormente.

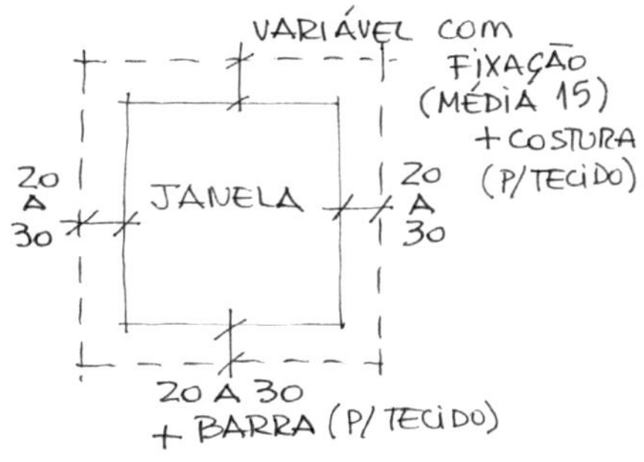

FIGURA 88 Exemplo básico de cálculo da largura para cortinas e persianas (em cm).

Plantas

Plantas são boa fonte de umidade e de oxigênio. Um jardim particular - ou vasos avulsos, com plantas ornamentais, frutíferas ou ervas - pode dar aconchego ao ambiente e criar uma atmosfera muito interessante dentro de casa, em varandas, balcões ou "afrescos".

Dentro de casa, podemos optar também por vasos com flores naturais, que introduzem cor, perfume e delicadeza ao ambiente.

Acredita-se que algumas plantas, como as da família das dracenas, têm a capacidade de absorver toxinas presentes no ar, e outras ainda retirariam as energias negativas trazidas por pessoas.

Decidir o tipo de planta não é tão simples a ponto de depender somente da forma e da cor. Antes de fazer a opção final, é importante verificar alguns detalhes característicos das plantas:

- Verifique a quantidade e o tipo de luz que a planta vai receber. A espécie de planta deve ser escolhida tendo em vista a quantidade de luz existente no ambiente e que efetivamente incida sobre ela.
- Verifique as janelas próximas e o tipo de cortina existente. Em alguns casos, pode ser necessário alterar a solução que protege a janela.
- Diferentes plantas podem florescer em diferentes estações do ano. Caso a opção seja por vasos sempre floridos, componha com diferentes soluções.
- Variar a textura e a cor das folhagens pode acrescentar dinamismo à composição nos vasos.
- Impermeabilize internamente os vasos de terracota se quiser mantê-los sem mancha.
- Escolha o vaso que mais se adapta à rotina da casa. Alguns modelos requerem menos atenção que outros no que se refere à rega.
- Se houver desejo de continuidade na decoração, os vasos externos podem seguir o estilo da decoração. Caso a proposta seja criar contraste, utilize va-

sos com estilo diverso do predominante. Por exemplo, uma casa decorada em estilo contemporâneo pode receber vasos antigos. Evite colocar ênfase no vaso em si, pense mais numa composição final de vaso e planta.

- Espaços menores podem parecer menos "bagunçados" com menos vasos grandes em vez de vários pequenos.
- Para ter ervas frescas diariamente, crie um pequeno jardim com vasos de diferentes ervas ou combine as ervas que desejar num vaso maior no balcão ou na área de serviço, caso a iluminação o permita. Cultivam-se facilmente menta, alecrim, manjericão ou cheiro-verde em pequenos vasos.
- Caso a opção seja por árvores frutíferas, podem ser cultivados, em vasos médios a grandes: limão, laranja, uva ou mesmo figo.

Dicas:

- Para criar um efeito de iluminação interessante e bastante econômico, em um vaso com planta de média a grande, ilumine "de baixo para cima" (do chão para o teto). Utilize para isso, apoiada ao chão ou presa no vaso, uma luminária de grampo e coloque uma lâmpada para spot. Evite colocar o facho de luz muito próximo às folhas para não queimá-las. Apoiada no chão, a luminária cria um efeito dramático no teto do ambiente, pela sombra projetada das folhas. Assim, o efeito alcançado no teto depende do formato das folhas da planta iluminada.
- Áreas externas compactas podem ter um jardim "vertical" (tipo "afresco"), ou seja, utilizando a parede para pendurar vasos ou cobrindo com plantas trepadeiras e folhagens.

Materiais

São inúmeros os materiais disponíveis para utilização em ambientes internos e externos, cada um com suas características específicas.

Ao escolher o material para uma superfície, verifique o que deseja dela.

Superfícies lisas refletem melhor a luz, os ruídos e são mais fáceis de limpar, mas, dependendo do material, podem riscar facilmente.

Superfícies ásperas e texturizadas refletem menos luz e são mais difíceis de limpar, mas tendem a colaborar para uma atmosfera mais aconchegante.

Algumas características de materiais mais comuns

- **Laminados**:
    - fáceis de limpar;
    - preço relativamente acessível;
    - enorme variedade de texturas, cores e padronagem;
    - devem estar bem fixos e apoiados para não descolar.
- **Madeira**:
    - pode custar caro;
    - necessita de manutenção frequente, principalmente quando exposta ao sol e à água;
    - quando utilizada "verde", pode empenar;
    - madeiras "macias" como o pinho podem marcar facilmente, e algumas podem até lascar.
- **Aço inox**:
    - marca facilmente;
    - bastante resistente e durável;
    - pode riscar, mesmo na versão escovada;
    - alto custo.
- **Vidro**:
    - não ocupa "espaço visual";

- risca facilmente;
- fácil de limpar;
- deve ser utilizado nas versões reforçadas/temperadas para não riscar nem quebrar facilmente;
- diferentes texturas, cores e padronagens.

5
Feng Shui

Simplificando, o Feng Shui é uma "técnica" oriental definida como a arte de organizar os espaços para que eles atraiam as energias boas e dispersem as más. Baseia-se no movimento da energia *chi*, conhecida como energia da vida, que deve fluir livremente pelos ambientes da casa. Portanto, procure abrir sempre as janelas e ventilar a casa toda para que não somente o ar se renove, mas também para que a energia (*chi*) se movimente dentro da casa.

Em seus princípios, procura equilibrar as energias *yin* e *yang* (masculina e feminina, positiva e negativa, etc.).

São inúmeros os livros a respeito desse assunto, e aqui se dá uma ideia a respeito de alguns dos conselhos básicos sugeridos por essa técnica.

Dicas:

- A porta é muito importante e deve ser pintada, de preferência, de vermelho.
- Nas janelas da frente da casa, mantenha cortinas translúcidas.
- Mantenha a campainha sempre funcionando.
- Procure eliminar a bagunça do hall de entrada e evite deixar objetos espalhados pelo chão.

- Evite abrir a porta de entrada e ver diretamente a escada para o andar superior.
- O espelho do hall de entrada não deve ser posicionado diretamente na direção da porta de entrada para não refletir toda a energia boa que entraria na casa.
- Hall em cor clara e bem ventilado favorece a entrada de *chi*.
- A disposição em "U" dos móveis do living é a melhor opção de distribuição.
- Na cozinha, evite posicionar o forno frente a frente com a pia ou a geladeira.
- Em dormitórios, vigas aparentes atrapalham o sono.

6

Alguns cuidados extras nos ambientes

Muitas vezes, **a qualidade do ar dentro de casa** pode ser prejudicada pelo excesso de poeira ou poluição que entra por portas e janelas. Quando tomamos banho, acendemos a lareira, fritamos ou cozinhamos determinados alimentos, pode haver alteração do ar dentro de casa. Sem citar a fumaça de cigarro, altamente prejudicial à saúde.

Para ajudar a solucionar esses problemas, contamos com diferentes equipamentos, que devem ser analisados cuidadosamente:

- Por meio de um sistema de filtragem e circulação do ar, purificadores/depuradores procuram eliminar fumo, odor, poeira, pólen e bactérias. Certifique-se de que o aparelho seja potente, eficaz e totalmente adaptado à sua utilização. Não são poucos os depuradores/purificadores de ar utilizados, por exemplo, sobre o fogão, que não filtram a gordura nem mesmo os odores provenientes da fritura de alimentos, que podem se espalhar por toda a casa.
- Aspiradores/exaustores buscam assegurar a renovação do ar em ambientes com poucas janelas (ou mesmo sem elas, como lavabos), com pouca ventilação ou mesmo em cozinhas, sobre o fogão. Sugam o ar de dentro de um ambiente, expelindo-o para o exterior do imóvel. Podem ser instalados na

parede externa, em janelas ou mesmo em forros de gesso. Alguns modelos são associados a luminárias, sendo automaticamente acionados quando se acende uma luz.

- Desumidificadores procuram eliminar o excesso de umidade no ambiente, pois ela não só provoca mofo, mas também a proliferação de ácaros, vírus e bactérias. Podem ser utilizados em banheiros, cozinhas, closets e ambientes semienterrados. Também podem prevenir que o revestimento das paredes sofra danos, como, por exemplo, descolamento. Alguns modelos funcionam como *timer*, filtro antibactericida e também como ionizador. A capacidade de armazenamento da água retirada do ar é variável segundo os diferentes modelos existentes no mercado e deve ser corretamente adaptada à metragem cúbica do ambiente onde vai funcionar.

A **impermeabilização** de paredes e superfícies pode ser bastante complicada, dependendo da fonte de umidade à qual a superfície está exposta.

No *site* http://www.vedacit.com.br/abertura/abertura.php?p=vexplica&a=vexplica, podem ser encontradas informações sobre os diferentes tipos de infestações por umidade.

Em alguns casos, quando a ventilação no ambiente é pouca ou a umidade no local é excessiva (na praia, por exemplo), embora a impermeabilização seja feita corretamente, ainda assim será indicada a instalação de um desumidificador.

Eletrodomésticos que funcionam "em silêncio" são uma tendência atual e devem ser considerados quando da reforma da casa ou mesmo quando da simples substituição de um aparelho quebrado.

Estar dentro de casa é, na maioria das vezes, estar "em paz, em silêncio", fora do caos da cidade.

A correria e a agitação da vida cotidiana requerem que realizemos as tarefas diárias quando podemos e não quando "gostaríamos" de fazê-las. Infelizmente, por serem barulhentos, alguns eletrodomésticos acabam limitando seu horário de uso ou podem interferir na forma como utilizamos os espaços dentro de casa.

O ruído gerado pelos aparelhos não está diretamente relacionado à sua potência. Um *mixer* de 300 W de potência pode ser muito mais barulhento que um de 700 W.

- Para a limpeza geral, o **aspirador de pó** deve ser o mais silencioso possível, pois muitas vezes é utilizado ininterruptamente por um período de tempo relativamente longo.
- Quanto a **ar-condicionado**, **aquecedores** e **ventiladores**, opte por modelos silenciosos que não atrapalhem uma noite de sono bem-dormida.
- Para **evitar tique-taque ininterrupto**, opte por **relógios digitais** ou **de quartzo**. Lembre-se de que um pequeno ruído, mesmo baixo, se torna cada vez mais alto e irritante com o passar das horas.
- Na **copa/cozinha**, aparelhos como **exaustor**, **depurador**, **refrigerador**, **freezer**, **máquina de lavar louça** e **eletrodomésticos pequenos** podem tornar impossível conversar, ouvir música, assistir à tevê ou mesmo conviver nesses espaços enquanto se cozinha. Cozinhas abertas "requerem" eletrodomésticos silenciosos.
- Na **lavanderia**, **máquinas silenciosas de lavar e secar** roupas permitem o funcionamento durante a noite sem incomodar ninguém. Assim, pode-se ampliar o horário de funcionamento desses eletrodomésticos e, consequentemente, facilitar a vida das pessoas com pouco tempo disponível. Em apartamentos pequenos, podem ser peças-chave, pois possibilitam ao usuário, após um dia exaustivo de trabalho, relaxar enquanto executa tarefas indispensáveis.

Bibliografia

AUSTRALIAN HOME & GARDEN. *House (Australian House & Garden)*. Sidney: ACP, 2002.

CHILTON, Gill. *Home Basics*. Londres: MQ, 2001.

CRONSTROM, Kendell. *Real Simple: the Organized Home*. Nova York: Melcher, 2004.

ECKSTUT, Joann & JAMES, Sheran. *Room Redux*. Ilustr. Andras Halasz. São Francisco: Chronicle, 1999.

GILLIATT, Mary. *New Guide to Decorating*. Londres: Conran Octopus, 1999.

GURGEL, Miriam. *Projetando espaços: guia de arquitetura de interiores para áreas residenciais*. São Paulo: Editora Senac São Paulo, 2005.

________. *Projetando espaços: design de interiores*. São Paulo: Editora Senac São Paulo, 2007.

LUSH, Shannon & FLEMING, Jennifer. *How to be Comfy*. Sidney: ABC, 2007.

SMALLIN, Donna. *Organizing Plain and Simple: a Ready Reference Guide with Hundreds of Solutions to Your Everyday Clutter Challenges*. North Adams: Storey, 2002.

Índice geral

Foto: Amato Cavalli

Miriam Gurgel é formada em arquitetura pela Universidade Mackenzie, em São Paulo, e em Training and Assessment pelo Central TAFE WA, na Austrália. Fez cursos de aperfeiçoamento em design, em Milão. Foi professora na Escola Panamericana de Arte, em São Paulo, no Centro Universitário Moura Lacerda, em Ribeirão Preto, nos cursos de extensão da University of Western Australia (UWA) e no TAFE WA, na Austrália.
Atualmente atua como consultora e palestrante em arquitetura e design.